ACHILL MOSER

SEHNSUCHTSORTE

Wo das Glück unserer Träume greifbar ist

ATLANTIK

Atlantik Bücher erscheinen im
Hoffmann und Campe Verlag, Hamburg

1. Auflage 2017
www.hoca.de www.atlantik-verlag.de
Einbandgestaltung: Sarah M. Hensmann
© 2017 Hoffmann und Campe
Satz: Arnold & Domnick GbR, Leipzig
Gesetzt aus der Minion und Brandon
Druck und Bindung: CPI books GmbH, Leck
Printed in Germany
ISBN 978-3-455-00054-2

Ein Unternehmen der
GANSKE VERLAGSGRUPPE

INHALT

Um das Herz und den Verstand
eines anderen Menschen zu verstehen,
schaue nicht darauf,
was er erreicht hat,
sondern wonach er sich sehnt.

KHALIL GIBRAN

ALLE SEHNSUCHT BRAUCHT EIN ZIEL

*Wie sehnsüchtige Gefühle persönliche
Entwicklungen beflügeln*

Unsere Sehnsüchte sind unsere Möglichkeiten.

ROBERT BROWNING

Ihre klangvollen Namen wecken Sehnsüchte: Sansibar, Marrakesch, Samarkand, Timbuktu oder Florenz. Namen, die einen Hauch von Geheimnis und Magie in sich tragen.

Wer kann beim Klang solch magischer Namen nicht wissen wollen, was es mit diesen Orten und Landschaften auf sich hat? Wie kommt es, dass manche Namen uns so faszinieren und wir uns nach diesen Orten sehnen? Und welche Geschichten und Bilder sind hinter diesen Namen verborgen?

Sehnsuchtsorte sind Sinnbilder unserer Träume, sie sind Projektionsflächen unserer Phantasie. Seit Generationen ziehen sie uns in ihren Bann und hinaus in die Ferne. Orte und Regionen voller Zauber und Rätsel, deren Ruf wie die Gesänge der Sirenen betört. Mehr als andere Reiseziele wecken sie das Fernweh, das ausgelebte ebenso wie das in unseren Gedanken.

Jeder Sehnsuchtsort ermöglicht immer auch eine Selbstbegegnung. Das macht jedes Sehnsuchtsziel zu einem für jeden Reisenden einzigartigen Erlebnis; aber darin liegt

11

auch eine gewisse Gefahr, denn nicht immer entsprechen Orte der Sehnsucht den Erwartungen – und manchmal ist die Wirklichkeit mehr als ernüchternd.

Schon seit Kindertagen träumte ich von fernen Orten und Landschaften, die meine Phantasie entflammten und mir unerreichbar schienen. Auslöser dieser Wunschträume waren Familienzusammenkünfte im Haus der Großeltern an Feiertagen wie Weihnachten, Ostern oder Geburtstage. An dem großen Esstisch saßen Onkel, Tante, Cousin, Cousine, Oma, Opa und meine Eltern beisammen, hatten aber nur wenig Interesse füreinander. Dementsprechend verliefen die Gespräche – statt unbeschwerter Fröhlichkeit herrschte zumeist emotionsgeladene Streitlust, die sich vor allem nach dem Essen schwungvoll ausbreitete, wenn die Bier-, Wein- und Schnapsgläser geleert wurden. Ich verschwand dann immer in Großvaters Arbeitszimmer, einem großen, fensterlosen Raum mit hohen Stuckdecken, der *Dunkelkammer* genannt wurde. Dort paffte mein Opa Willi auch gern seine Zigarren.

Ich erinnere mich, dass auf alten Teppichen mit orientalischem Muster ein runder Marmortisch und wuchtige Sessel standen, die mit dunkelblauem Samt bezogen waren. Gleich daneben ein Schreibtisch mit filigranen Holzschnitzereien und einer Lampe, deren Fuß einen Reiter darstellte: Friedrich der Große auf einem Pferd, darüber ein orangebrauner Schirm aus dünnem Leder. An den Wänden hingen alte Gemälde: eine Gruppe Musketiere beim Kartenspiel sowie ein graues Kirchenportal mit breitem Kopfsteinpflaster davor. Prunkstück des Zimmers war ein Schrank mit Holzschnitzereien aus den zwanziger Jahren, etwa drei Meter lang und fast ebenso hoch. Wenn ich die Glastüren öffnete, schweiften meine Augen über ansehnliche Buchreihen. Noch heute meine ich, den Geruch wahrzunehmen, der mir damals an den Fingern haftete, wenn ich sie über die kunstvollen Buchrücken gleiten ließ. Da standen die Werke von Heine, Schiller, Goethe, Fontane, Tucholsky, Oscar Wilde und Ernest Hemingway, aber auch von Karl May. Gleich daneben entdeckte ich James Fenimore Coopers *Lederstrumpf*, Robert Louis Stevensons *Schatzinsel*, Daniel Defoes *Robinson Crusoe*, Sir Walter Scotts *Ivanhoe* und Herman Melvilles *Moby Dick*. Nicht zu vergessen all die Reisebeschreibungen von Marco Polo, Sven Hedin, Gerhard Rohlfs, Thomas Edward Lawrence, James Cook und René Caillié. Literarische Schätze, die mein Opa über Jahrzehnte zusammengetragen hatte.

Diese Bücher waren es, die mir im Laufe der Jahre nicht nur eine völlig fremde Welt eröffneten, sondern auch wunderbare Sehnsüchte auslösten. Was der Alltag damals nicht hergab, holte ich mir durch Lektüre in den Kopf. Wo bin ich nicht überall gewesen! Was habe ich nicht alles erlebt! In der Phantasie war alles möglich. So kam ich zum ersten Mal nach Afrika, Asien und in die Südsee. Ich erforschte China, reiste nach Samarkand und Sansibar. Täglich warteten neue Abenteuer, und meine Vorstellungskraft belebte sich mit wogenden Palmen, wüster Weite, wucherndem Urwald, brausender Brandung oder wilden Tieren – und ich erfuhr vom Lebensgefühl beim Unterwegssein, das viele Reisende süchtig machte.

Manchmal saß ich stundenlang allein im Arbeitszimmer meines Opas, auf dem Schoß einen Stapel Bücher. Meist hatte ich es mir in einem großen Ohrensessel gemütlich gemacht und las von fernen Orten, von denen ich noch nie gehört hatte; ich ließ meine Gedanken auf Reisen gehen – nach Luxor, Ithaka oder in die

Sahara, nach Santorin, Dunhuang oder in die Mongolei. Namen, die sich regelrecht in mein Gedächtnis einbrannten und zugleich vollkommen unerreichbar schienen. Meine Eltern hatten kaum Verständnis für meine Träumerei. Sie lebten ihr Leben, hatten sich eingerichtet in dem bürgerlichen Kokon im dritten Stock eines Komfort-Klinkerwohnhauses. Zweieinhalb Zimmer mit Balkon. Die Aussicht durch die Fenster endete schon nach zwanzig Metern an einer Hausfront, Weite und Himmel ließen sich nur erahnen. So blieb ich »der Träumer«, wie mein Stiefvater es mit einem müden Lächeln sagte. Für ihn war es undenkbar, sich aus dem grauen Alltagsdunst zu lösen und ein anderes, erlebnisreicheres Leben zu führen. Ihm fehlte der Mut zum Glück. Mir nicht. Ich ließ mich von meinen Träumen nicht abbringen, sehnte mich nach dem, was mir unbekannt und fremd war, spürte eine große Neugier auf die Welt, ohne so richtig zu wissen, was mich in der Ferne erwarten würde. Mehr noch: Der Wunsch nach unbegrenzten Horizonten und die Lust auf ein spannendes und abwechslungsreiches Leben waren so stark, dass ich im Alter von sechzehn Jahren neben der Schule einige Jobs annahm, um mir das nötige Geld für eine Reise nach Afrika zu verdienen. Meist trug ich nachmittags Zeitungen und Zeitschriften aus, warf Reformhausprospekte in zahllose Briefkästen oder brachte als Apothekenbote Medikamente ins Haus. Bei all diesen Tätigkeiten war das Fernweh mein nimmermüder Antrieb, und wie die schemenhaften Bilder einer Fata Morgana hatte ich mein Sehnsuchtsziel vor Augen – und das hieß Marokko.

*

Sehnsucht braucht aber nicht nur ein Ziel, sondern gelegentlich auch ein Schlüsselerlebnis, das die Entscheidung zu einem Aufbruch erleichtert. So war es jedenfalls bei mir. Ich bin mir heute ziemlich sicher, dass meine ersten Reisen auch Fluchtversuche waren. Flucht aus dem Elternhaus, weil ich von den Demütigungen meines Stiefvaters irgendwann genug hatte. Seine Strafpredigten, Kränkungen und Ohrfeigen, die in meiner Jugend zum Alltag gehörten, haben mich nicht nur verletzt, sondern auch innerlich aufgewühlt und eine »Jetzt erst recht«-Reaktion hervorgerufen. Eine Idee allein hätte vermutlich nicht ausgereicht, um mich auf den Weg zu machen, doch mein emotionaler Widerstand, der meine Aufbruchsideen befeuerte, setzte Mut und Energien frei, die mich mit großer Euphorie beflügelten.

Es ist schon seltsam, dass ausgerechnet mein von schweren Kriegsverletzungen und seiner Flucht aus der DDR geprägter Stiefvater indirekter Antriebsgeber meiner Reiselust war.

Insofern war es die ungewöhnliche Mixtur aus beflügelter Empfindung und unlustiger Erfahrung, die mir wichtige Impulse gab; diese Kombination – eine Idee plus Sehnsucht plus persönlicher Verdruss – machte mir Beine und generierte eine Kraft, die meine Unternehmungslust und Entschlossenheit förderte. Hinzu kam und kommt immer die Prüfung der jeweiligen Risiken, bevor ich mich von meiner Sehnsucht in die Ferne ziehen lasse. Mein wichtigstes und darum allererstes Sehnsuchtsziel war Marrakesch, jene Schaubühne Marokkos inmitten des Atlasgebirges. Im Gepäck hatte ich die Hoffnung, dass von nun an – egal, wohin der Wind mich noch treiben mochte – alles besser werden würde. Ganz fest glaubte ich daran, dass es für mich einen Lebens- und Sehnsuchtsort gab, der von mir gefunden werden wollte.

MARRAKESCH

Stadt aus Tausendundeiner Nacht

Marokko ist ein Land, das sein Wesen nur jenen offenbart,
die sich Zeit nehmen, Wasser zu schöpfen und
eine Kanne Tee aufzugießen.
MAROKKANISCHES SPRICHWORT

Marrakesch. Schon der Name weckt Phantasien von Tausendundeiner Nacht, beschwört den Zauber des Orients und verspricht ein Fest der Sinne. Gelegen am Fuße der verschneiten Gipfel des Hohen Atlas, gekleidet in die rote Farbe des Bodens und umgeben vom Grün unzählbarer Dattelpalmen, reckt die tausendjährige Königsstadt ihre wehrhaften Stadtmauern und hohen Minarette in den blauen Himmel. Wer Marrakesch nicht erlebt hat, so meinen viele Marokkaner, hat ihr Land nicht gesehen. Denn »Marrakesch«, so schrieben arabische Dichter und Chronisten schon vor Jahrhunderten, »ist eine über das Atlasgebirge geworfene Perle des Südens.«

Ursprünglich nur ein offenes Feldlager auf einer roten Ebene zwischen Wüste und Hohem Atlas, wurde Marrakesch zu einem religiös-militärischen Lager unter der Leitung des islamischen Religionsführers Abdallah Ibn Yasin; er war Mitbegründer der Almoraviden, eines Verbunds nomadischer Berberstämme, die im 11. Jahrhundert aus der Sahara nach Norden vordrangen. Ihr Name ist vom arabischen »al morabiden« abgeleitet, was »Männer des Lagers« bedeutet. Dort formierten sich die Nomaden zu einer schlagkräftigen Truppe, entfalteten ihre kriegerische Expansionskraft und machten Marokko, Mauretanien, Westsahara und weite Teile Algeriens sowie Spaniens untertan und tributpflichtig. Ihr späterer Regent Yusuf Ibn Taschfin (1009–1106) konzentrierte sich vor allem auf den Ausbau von Marrakesch. Er ließ nicht nur zahlreiche Häuser, eine Moschee sowie eine Wehrmauer aus rotem Sandstein errichten, sondern sorgte auch für die Anpflanzung einer großen Palmenplantage, um eine oasenähnliche Landschaft zu schaffen, die ihn an seine Wüstenheimat erinnern sollte.

*

Als ich Anfang der siebziger Jahre zum ersten Mal nach Marrakesch kam, fragte ich mich, ob die Stadt auch halten würde, was ihr Name in meinen Tagträumen an magisch-mystischen Bildern auslöste. Ich wurde nicht enttäuscht: Alle meine Erwartungen erfüllten sich, und schon nach wenigen Tagen wusste ich, dass Marokkos Königsstadt, die einst großen Ruhm und Reichtum erlebte, mich immer wieder aufs Neue zu einer Rückkehr verführen würde.

Marrakesch lässt sich mit Logik und Verstand nicht erfassen. Diese Stadt muss man erfühlen und mit allen Sinnen wahrnehmen. Aus gutem Grund trägt sie den Beinamen »La Rouge« – die Rote –, denn einst, so heißt es in einer Legende, die mir ein alter Berber erzählte, drang der mächtige Bau der Koutoubia-Moschee wie ein riesiges Schwert ins Herz der Stadt, aus dem große Mengen Blut hervorquollen und Marrakesch rot färbten. Noch heute leuchtet die wehrhafte und endlos erscheinende Stadtmauer karminrot. Und unzählige Gebäude der Altstadt sind rotbraun gestrichen und erstrahlen im warmen Licht der aufgehenden Sonne, während von den Minaretten der Moscheen die elektronisch verstärkten Rufe des Muezzins durch die nach exotischen Gewürzen und einem ganzen Bukett aus blumigen Aromen duftende Luft herüberschallen.

*

Mit dem Zug hatte ich mich von Hamburg aufgemacht, um nach Marrakesch zu gelangen. Durch Frankreich und Spanien führte meine Reise nach Nordafrika, vier Tage unterwegs auf dem Schienenstrang. Vier Tage das monotone Poltern der Räder in den Ohren, die über die Gleise ratterten. Und vier Tage, in denen Wiesen und Wälder, Dörfer und Städte, Straßen und Autos vor den Fenstern des metallenen Bandwurms vorbeirollten.

Vierhundert Mark kostete damals das Interrail-Ticket, mit dem ich einen Monat lang unbegrenzt durch zwanzig Länder Europas – plus Marokko – reisen konnte, vorausgesetzt, man war nicht älter als sechsundzwanzig Jahre. Angesichts meines nicht allzu vollen Geldbeutels war das eine wunderbare Möglichkeit, ein Stückchen unbekannte Welt kennenzulernen. Das konnte jedoch nicht darüber hinwegtäuschen, dass eine solche Tour ziemlich strapaziös war. Fast an jeder Haltestelle waren die Bahnsteige überfüllt von Menschen, und nicht immer klappte es mit den Anschlüssen. Preiswerte Unterkünfte rund um die Bahnhöfe fand ich nur schwer. Und auch die Züge waren fast immer randvoll. Nur selten ergatterte ich einen Sitzplatz. Stattdessen hockte ich auf dem engen Gang, wo ich nachts auch meinen Schlafsack ausrollte. Doch an Schlaf war kaum zu denken. Immer wieder wurde ich von Mitreisenden gestört, die dicht an dicht lagen oder über einen hinweg stiegen, um die Toilette zu erreichen. Unbeschreibliche olfaktorische Herausforderungen inbegriffen.

*

Endlich Marrakesch. So verlockend und rätselhaft, so eigenwillig und fremd, so pulsierend und verwirrend. Vor allem aber sagenhaft schön. Ein Dorado für Orientromantiker, Basarbummler, Garküchengenießer, Gewürzsammler, Geisterseher, Duftfetischisten, Handwerksbewunderer, Menschengucker, Palmenverehrer, Palastbestauner, Labyrinthwanderer und Farbenliebhaber: grün die exotischen Pflanzen, die Rasenflächen der Parkanlagen, Palmenblätter, Oliven, Aniskörner und Curry. Türkis die Bodenfliesen, Mosaikfenster, Vasen, Schals und Perlenketten. Rot die Häuserwände und die Stadtmauer, die Abenddämmerung, Chili-Ringe, Paprika und das Harissa-Gewürz. Schwarz die Schatten in den engen Gassen, die bodenlangen Gewänder der Frauen und ihre Schleier, die Nase und Mund bedeckten. Und weiß die schneebedeckten Gipfel des Hohen Atlas, die in der Ferne leuchteten.

Marokkos imposante Bergketten zählen zu den ältesten Gebirgen der Erde, die vor Millionen von Jahren entstanden, als gigantische Kräfte eine steinerne Unendlichkeit aus der Erdkruste emporstemmten. Noch vor kaum hundert Jahren zogen die handeltreibenden Karawanenführer, die aus den entlegensten Winkeln Afrikas nach Marokko kamen, um das mächtige Atlasgebirge herum. Zu gefahrvoll erschien eine Überquerung der über viertausend Meter hohen Wildnis aus Felsen und Schotter, Schnee und Eis. Doch nach Marrakesch zog es sie alle, denn schon damals galt die geheimnisvollste Stadt des Maghreb als wichtiger Umschlagplatz für Waren aus Schwarzafrika und der Südsahara. Vor allem Gold und ein Millionenheer von Sklaven wurden hier gehandelt.

*

Marrakesch zu erkunden ist wie das Öffnen einer geheimnisvollen Schatulle. Jede Straße, jede Gasse, jeder Platz bietet aufregendes Neues. Und zwischen all den Fußgängern, Eselskarren, Mopeds, Radfahrern, Autos, Pferdefuhrwerken, Kamelen und Mulis hat man immer wieder Schwierigkeiten, voranzukommen. Ein heilloses Gewusel, aber herrlich lebendig. Hier bin ich fasziniert, beeindruckt und sprachlos, fühle mich gelegentlich aber auch überfordert von der Fülle fremdartiger Eindrücke, wenn ich in das gigantische Labyrinth der Altstadt eintauche.

Der historische Stadtkern ist und bleibt ein Höhepunkt Marrakeschs. Diese grandiose Verschachtelung von Gassen, Plätzen und Märkten existiert seit Hunderten von Jahren. Damals wurde Marrakesch noch *Mraksch* genannt und war die Metropole eines mächtigen Reiches, das von der Atlantikküste bis nach Tunesien reichte und einen Großteil der Iberischen Halbinsel umfasste.

Eng und verwinkelt sind die überdachten Souks, in denen sich die Menschen und Gemäuer aneinanderdrängen. Eine quirlige Welt mit lärmenden Händlern. Hier folge ich am frühen Morgen einer schmalen Gasse, gehe nach rechts, dann nach links, an einer Gabelung wieder rechts durch einen Basar mit Obst und Gemüse, bei einem Korbflechter wende ich mich erneut nach rechts, komme in ein Gässchen mit Kisten voller frischer Minze – wenn ich die Blätter zwischen den Fingern zerreibe, duftet es nach Orient. Danach nochmals links und immer geradeaus, wo der verlockende Duft aus Bäckereien mich umfängt. Schließlich wieder rechts und noch einmal links. Wo bin ich? Marrakeschs Medina, die seit 1985 zum UNESCO-Weltkulturerbe zählt, ist ein Irrgarten. Ohne Guide findet man sich in diesem Labyrinth nur schwer zurecht. Doch ich liebe das, erlebe beim Gassenwandern die Kunst des Sich-treiben-Lassens und genieße die angenehme Kühle, die in der Altstadt herrscht, denn zwischen den Dächern sind Gitter aus Holzlatten, Schilfmatten oder lange Tücher gespannt, die die Sonnenstrahlen abhalten. Nur schmale Lichtstreifen dringen durch die behelfsmäßigen Dachverkleidungen.

Mehr als ein Dutzend Mal bin ich nun schon in Marrakesch gewesen, doch niemals werde ich müde, durch die altertümlichen Viertel zu streifen. Stunde um Stunde lasse ich mich hier vom Strom der Menschen mitreißen und erlebe den Alltag des Orients mehr durch Überraschungen als durch gleichmäßige Beständigkeit.

Wohin ich auch schaue, überall preisen Händler den Vorbeikommenden ihre Waren an. Schier unfassbar ist das Angebot der zahllosen Stände, Lädchen und Geschäfte. Da hängen Taschen, Baumwolltücher, Gürtel, Ketten und Waffen in allen Variationen. Da stapeln sich Sitzkissen, Schuhe, Töpfe und Kannen, liegen Berge von Orangen, Datteln, Auberginen, Zucchini, Tomaten, Zwiebeln, Bohnen und Karotten, arbeiten alte und junge Hände emsig

in zahllosen Werkstätten. Da wird gehämmert und ge-
sägt, geschraubt und gehobelt, genäht und gefärbt. Es gibt
Schreiner, Teppichknüpfer, Kunstschmiede, Holzschnitzer
und Lampenmacher. Im Gerberviertel stinkt es bestialisch
nach Tierhäuten, im Stoffe-Souk rattern die Nähmaschi-
nen, und im Viertel der Färber hängen an Seilen über den
Gassen bunte Baumwolltücher, die das geschäftige Treiben »beschirmen« und aus denen es in Blau, Rot, Grün
und Orange auf den Pfad zwischen den Häusern tropft.
Unvermittelt treffe ich einen Maultier-Spediteur, der seine
Esel mit überbreiten Lasten – Bretter, Teppiche, Blech-
eimer – durch die Gänge treibt, die für Autos und Lastwagen zu schmal sind. Schritt für Schritt staksen die Esel
voran, bahnen sich einen Weg durch die Menschenmassen,
und ihre schaukelnden Waren schrammen an den Stein-
mauern und Geschäftsauslagen entlang, während die lau-
ten »Balekh, Balekh«-Rufe des Treibers die Passanten war-
nen, die in offene Toreingänge springen oder sich an die
Hauswände pressen. Und immer wieder sehe ich Marokkos König: in schrillen Bilderrahmen, auf Plakaten, in Zeitungen und auf flimmernden Bildschirmen.

*

Ganz anders die Neustadt von Marrakesch, einst von den
Franzosen angelegt. Sie boomt und wächst. Nüchterne
Häuserblocks und Geschäftsgebäude, westeuropäisch geprägt, stehen neben neumodischen Technotempeln, Ban-
ken und luxuriösen Hotelanlagen mit üppigen Gärten.
Gradlinige Asphaltstraßen reichen bis in die äußersten Be-
zirke. Das neue Marrakesch ist definitiv kein Sehnsuchtsort – ihm fehlt die Atmosphäre des Orients, die man als

Reisender nur in den alten Stadtteilen und an historischen Orten zu spüren bekommt.

Um die geschichtsträchtigen Attraktionen im alten Marrakesch zu erleben, engagiere ich einen lizenzierten Fremdenführer. Er heißt Arib und ist ein liebenswerter und offenherziger Marokkaner um die dreißig, der nicht nur über kulturelles Hintergrundwissen verfügt, sondern sich auch als versierter Pfad-Finder im Gassenlabyrinth erweist; zudem hält er mir die Scharen selbst ernannter Guides und Stadtführer vom Leib – sowie lauernde Schlepper, Touristenfänger und Kommissionsagenten, die prozentual an den Umsätzen diverser Basare beteiligt sind.

Die Besichtigungstour beginnt an der Koutoubia-Moschee. Es ist das bedeutendste maurische Bauwerk und misst neunzig mal sechzig Meter. Einhundertzwölf Pfeiler stützen siebzehn Schiffe. Und das siebenundsiebzig Meter hohe Minarett, das als architektonisches Wahrzeichen von Marrakesch gilt, wurde von den Almohaden im 12. Jahrhundert aus Bruchsteinen errichtet. Der Name der Moschee stammt vom Souk El Kotoubijn, dem Buchhändlerviertel, das hier seinen Platz hatte. Verschiedene Steinornamente und mehrere Doppelfenster, von Hufeisenbögen umrahmt, schmücken die Außenwände des hohen Minaretts, die seit fast neunhundert Jahren wegen ihrer vollkommenen Proportionen Vorbild für jeden Moscheebau sind. Als Spitze trägt es drei goldene Kugeln übereinander. Diese Kugeln, erzählt Arib, sind ein Geschenk der Ehefrau des Erbauers, die während des Fastenmonats Ramadan drei Tauben gegessen haben soll. Als Sühne für diesen unverzeihlichen Verstoß ließ sie ihren gesamten Schmuck zu drei Goldkugeln einschmelzen.

Marrakeschs geschichtliche Überbleibsel – Gebäude, Ruinen und Gräber – erzählen noch heute phantastische Geschichten von den marokkanischen Herrscherdynastien, den Almohaden und Meriniden, den Alawiten und Saaditen. So führt mich Arib zu den Saadier-Gräbern, den *Tombeaux des Saadiens*. Die letzte Ruhestätte des mächtigsten Saadier-Sultans Ahmed el Mansour (1578–1603) sowie einiger anderer Sultane und deren Familienmitglieder offenbart die ganze Prunksucht der Mauren. Und auch die Innenräume der beiden Mausoleen zeugen von der außergewöhnlichen Mosaik-, Stuck- und Zedernholzschnitzkunst jener Zeit. Erst 1917 wurde die Nekropole bei Bauarbeiten durch Zufall wiederentdeckt.

Zweieinhalb Jahrhunderte lag die sagenumwobene Grabstätte im Verborgenen, weil Alawiden-Sultan Moulay Ismail (1645–1727), der das Andenken seines Vorgängers beseitigen wollte, aus Wut und Eifersucht den Zugang zum Grabbezirk zumauern und mit Sand bedecken ließ. Zudem hatte er dafür gesorgt, dass der Saadier-Palast El-Badi niedergerissen wurde, von dem heute nur noch die Außenmauern existieren. Doch selbst die Ruinen, unweit der Place des Ferblantiers gelegen, vermitteln nach wie vor einen imposanten Eindruck von der Ausdehnung des ehemaligen Palastes. Hier soll es gewesen sein, so erfahre ich, wo einst das prächtigste Bauwerk des gesamten Maghreb stand – mit einem riesigen Innenhof, der nach dem Vorbild des berühmten Löwenhofes der Alhambra von Granada entstanden war.

Weiter geht es zum Tor *Bab Agnaou* – der Haupteingang in das von hohen Mauern umschlossene Medina-Rechteck, das zweieinhalb Kilometer Länge und zwei Kilometer Breite misst. Es ist das schönste und älteste Erbe der

MARRAKESCH: DAS MINARETT DER KOUTOUBIA-MOSCHEE
GILT ALS ARCHITEKTONISCHES WAHRZEICHEN.

Almohaden. Seinen Namen Agnaou, was in der Berbersprache *Widder ohne Hörner* bedeutet, erhielt dieser Medina-Zugang, weil einst die Seitentürme zerstört wurden. An diesem Tor, weiß Arib zu berichten, sollen unter der Herrschaft der Meriniden an nur einem Tag sechshundert enthauptete Rebellenköpfe aufgespießt worden sein.

Von den berühmten Ménara-Gärten, wo Olivenplantagen, exotische Pflanzen und ein hübsches Palais eine traumhafte Kulisse bilden, spazieren wir zum Dar-Si-Said, dem Museum für marokkanische Volkskunst, untergebracht in einem Palastgebäude aus dem 19. Jahrhundert, das einen großartigen Einblick in das Kunsthandwerk der Berber vermittelt. Und tags darauf führt mich Arib in den Norden der Medina. Dort, nur einen Steinwurf von der Ben-Youssef-Moschee entfernt, weist mein sachkundiger Guide in eine kleine Gasse, wo die Koubba Almoravid steht. Ein eindrucksvoller Kuppelbau aus Marmor und Zedernholz, der um 1100 errichtet wurde. Es ist einer der wenigen erhaltenen Almohaden-Bauten. Unter der Kuppel, die mit filigranen Ornamenten von Palmenblättern, Pinienzapfen und Akanthusblättern geschmückt ist, befanden sich einst ein Gebetsraum sowie ein rechteckiges Bassin, in dem sich die Gläubigen vor ihrem Gebet reinigten. Die Inschriften an den Kuppelrändern gelten in Nordafrika als älteste Epigraphe der Maghreb-Schrift. Gründe genug, dass dieser Bezirk als heilig gilt.

Abends erhole ich mich von der Eindrucksflut in einem kleinen Altstadthotel. Ein aufgeweckter Straßenjunge hatte mich zu dem abgelegenen Haus geführt, das ich im Gassengewirr der Medina niemals allein gefunden hätte. Es war kein Schmuckstück. Graue Farbe blätterte von der verschmutzten Außenwand. Ich zögerte einen Moment, ehe ich durch eine große schwere Holztür in einen zauberhaften Innenhof trat: eine Oase der Ruhe mit üppigen Pflanzen, blühenden Blumen, bunten Töpfen und kleinen Palmenhainen. Mittendrin ein paar Tische und Stühle. Ein winziger Springbrunnen plätscherte vor sich hin. Auf zwei Stockwerke verteilt gab es nur acht Zimmer. Ich hatte Glück und bekam eine kleine, schlichte Kammer mit viel Charme. Ein Stück vom Paradies.

*

Marrakesch ist seinem Wesen nach mit keiner anderen arabischen Stadt vergleichbar. Diese Stadt ist weder verschlossen noch in sich gekehrt. Hier lebt man nicht nach dogmatischen Regeln, wie sie in vielen anderen Städten des Maghreb vorgegeben werden. Marrakesch gibt sich stolz und offen, traditionell und modern. Eine Stadt, die sich selbst genug ist. Besonders auf dem großen Marktplatz Djemaa el Fna, was *Versammlung der Toten* bedeutet, scheint Marrakesch zu sagen: Hier ist der Nabel arabischer Geschichte. Tatsächlich hat sich auf diesem Platz im Laufe der Jahrhunderte viel Historisches und auch Dramatisches ereignet. So ließen an diesem Ort die Kalifen der Sultane einst ihre Gegner hinrichten. Und zur Abschreckung der Bevölkerung wurden die kahlgeschorenen Köpfe der Aufrührer zu Tausenden auf hohen Pfählen oder Stangen aufgespießt und zur Schau gestellt.

Ganz anders präsentiert sich der Djemaa el Fna heute – er ist der größte Jahrmarkt des Schwarzen Kontinents. Und wenn der Souk die Seele Marrakeschs ist, dann ist der Djemaa el Fna das Herz.

Am Vormittag sind es nur die fliegenden Händler, die

Barbiere, Schreiber und Quacksalber, die hier ihren Geschäften nachgehen. Danach döst der Platz ganz geruhsam in der Mittagshitze. Doch bei Sonnenuntergang, wenn die Farben der Dämmerung für einige Momente unvergleichlich werden, sich die große Stille des afrikanischen Himmels über das Häusermeer legt, Dutzende von Schwalben durch die Lüfte schwirren, die Nase den Duft von Minze und Jasmin, von Orangenhainen, Flieder und Bougainvillea nicht mehr zu trennen vermag, und in der Ferne die Stimmen der Muezzins erklingen, dann verwandeln ganze Heerscharen unterschiedlichster Couleur den Djemaa el Fna in einen umtriebigen Ort der Magie: Gaukler, Akrobaten, Feuerschlucker, Märchenerzähler, Schlangenbeschwörer, Affenbändiger, Schwertschlucker, Kartenlegerinnen, Zauberer, Hennakünstler, Wasserverkäufer, Zahnausreißer und Wunderheiler, die für fast jedes menschliche Leiden die geeignete Mischung aus Kräutern, gemahlenen Tierknochen und ein bisschen Magie bereithalten. Hinzu kommen die rhythmischen und betörenden Klänge von Flöten- und Tamburinspielern, Trommlern und Sängern, die sich mit dem vielfältigen Stimmengewirr vermischen.

Nicht zu vergessen die exotischen Garküchen, deren weiße Dampfwolken und Gerüche über den Platz ziehen, wenn die Köche ihre Stände aufgebaut, ein paar Holzbänke aufgestellt und ihren Holzgrill angeheizt haben. Dann wird der Djemaa el Fna allabendlich zu einem riesigen Freiluftrestaurant, das mit einer überbordenden Fülle an Speisen alle Genüsse des Orients darbietet: gegrilltes Lammfleisch, gekochtes Huhn, gebratene Kebab-Spieße, brutzelndes Gemüse, geschmorte Backpflaumen, gegarte Kalbsköpfe, Weißkrautbällchen mit gefülltem Hackfleisch, süß-saure Pasteten – und natürlich Couscous mit Gemüse,

Lamm, Huhn oder Rindfleisch. Alle Gerichte sind zubereitet mit Kreuzkümmel, Safran, Kardamom, Minze, Koriander, Pfeffer, Petersilie, Zimt oder Ingwer.

All das lärmende Gewimmel belebt und stimuliert, versetzt mich durch die ungeheure Bilderflut überquellenden Lebens zuweilen aber auch in einen Taumel. Manchmal strömt so viel Fremdes und Neues, so viel Ungewöhnliches und Sagenhaftes auf mich ein, dass ich all die Eindrücke kaum verarbeiten kann. Dieses vielstimmige Treiben, dieser Rausch an Farben und Formen, diese unvergleichliche Atmosphäre, so faszinierend das auch alles ist – in dieser geballten Dosis setzt es mir auch zu. Auf der Dachterrasse eines Cafés gönne ich mir eine Erholungspause. Die Cafés am Djemaa el Fna haben wunderbare Namen – Café Glacier, Café de France, Café El Fath, Café Montreal – und sind wie geschaffen zum Schauen und Ausruhen. Und dennoch ist man mittendrin, in jenem Trubel, der orientalische Lebensfreude und fatalistische Duldsamkeit vereint.

Inmitten bunt gewandeter Menschen, die an runden Messingtischchen sitzen, suche ich mir einen Platz, bestelle einen Minzetee und ein Schälchen mit Mandelgebäck. Um mich herum wird arabisch, französisch oder englisch gesprochen, aber auch verschiedene Berberdialekte sind zu hören, und manches Wort wird gestenreich bekräftigt, auf eine Weise, die allen Menschen schon vor dem Zustandekommen einer artikulierten Sprache geläufig war. Fast alle Gäste des Cafés machen tiefe Züge aus blubbernden Wasserpfeifen. Hin und wieder pustet einer die Glut aus dem kleinen Tonköpfchen auf die Fliesen. Es riecht nach Apfel und Khif. Marokkos Marihuana ist eigentlich verboten, aber alte Gewohnheiten lassen sich nur schwer ändern.

MARRAKESCH: AUF DEN MÄRKTEN TRIFFT MAN
LACHENDE BERBERFRAUEN UND HÄNDLER, DIE
VON ALTEN TRADITIONEN GEPRÄGT SIND.

Rasch komme ich mit meinen Tischnachbarn ins Gespräch, während ich das ruhelose Gewimmel auf dem Djemaa el Fna beobachte. Menschen aus allen Teilen Marokkos gehen, hasten oder flanieren. Ich sehe Frauen mit verschleierten Gesichtern, die anmutig im fließenden Kaftan dahinschreiten. Ihre Füße stecken zumeist in bestickten Pantöffelchen. Männer mit Turban und knöchellangen Djellabas bummeln, schlurfen, eilen. Händler schleppen Bündel und Ballen. Kinder tragen bunte Plastikschüsseln. Maultiere, schwer bepackt mit Teppichen oder Kisten, setzen vorsichtig ein Bein vor das andere. Ein weißbärtiger Alter schiebt einen Holzkarren voller Schaumstoffmatratzen vor sich her. Ein anderer balanciert einen Vogelkäfig auf dem Kopf. Und mittendrin klingelnde Fahrräder und hupende Motorräder. Kein Teil einer Mofa, eines Mopeds oder eines Fahrrads wird so gepflegt wie die Hupe oder Klingel. Auf Bremsen und Beleuchtung können die Marokkaner notfalls verzichten, aber Hupe und Klingel müssen zuverlässig funktionieren.

Doch der oberflächliche Augenschein ist nicht immer ein verlässlicher Zeuge, wenn es darum geht, die Befindlichkeit einer Stadt zu erkunden. Eine Erfahrung, die ich mache, als ich tiefer in die abgelegenen Gassen der Altstadt vordringe. Dort sehe ich die Wundmale der Hoffnungslosigkeit. Ich laufe an verfallenen Altstadthäusern vorbei und treffe Menschen, die auf Trümmergrundstücken oder in baufälligen Behausungen leben. Mit deftigem Vokabular klagen viele Marrakschis über Mauerrisse, defekte Wasserleitungen und eine schlechte Stromversorgung. Ich schaue in Gesichter, die jahrtausendealt scheinen, sehe Bettler, deren Haut mit Schmutzfirnis überzogen ist, und Kinder in zerlumpten Kleidern, die, mit verklebten Augenlidern und von Fliegen umschwirrt, ihre ganz eigenen Sehnsüchte auf dramatische Weise offenbaren. Zahllose Handflächen, zu gewölbten Schalen geformt, strecken sich mir entgegen. Andere weisen mit ihren Armen himmelwärts. Gebärden, die wie ein Gebet wirken. Und zu dieser Demutshaltung nehme ich eine Art Bittgesang wahr. Ein Flehen, das nicht dem Himmel gilt, sondern den Menschen, die gelegentlich vorbeikommen.

Marrakesch – Stadt aus *Tausendundeiner Nacht* und zugleich Stadt der hoffnungslosen Armut. Ganz allmählich lernte ich die zwei Gesichter der marokkanischen Sehnsuchtsstadt kennen.

SAMARKAND UND DUNHUANG

Zu den Schätzen der Seidenstraße

Nur was wir ersehnen, ist unser Eigentum.
Was wir besitzen, haben wir schon verloren.

ADOLF VON HARNACK

Manche Sehnsuchtsorte liegen an einem Weg, dem ein besonderer Ruf vorauseilt. Solche Verbindungen, um die sich viele Legenden ranken, sind zuweilen jahrhunderte- oder gar jahrtausendealt, haben alle Zeitströmungen überdauert und bergen nicht nur Magie und Mystik, sondern strahlen auch eine ganz besondere Atmosphäre und Aura aus, die sich unserem heutigen rationalen Denken weitgehend entzieht. Es sind Wege, die man einfach erlebt haben muss, weil sie eine Quelle der Inspiration, der Erneuerung und der Glückseligkeit sind – und weil sie unser Denken und Handeln verändern können.

Einer dieser Wege, der zu Weltruhm gelangte und geschichtsträchtige und sagenumwobene Orte wie Samarkand und Dunhuang verbindet, ist die Seidenstraße.

*

Viele Abschnitte der Seidenstraße bereiste ich auf ganz unterschiedliche Art und Weise. Im Geländewagen fuhr ich mit einheimischen Fahrern über Land, kutschierte auf einem flachen Eselskarren über holprige Pisten, rollte auf Lkw-Ladeflächen durch archaische Naturkulissen, zog mit Kamelen über wüste Sandwogen und wanderte mit dem Rucksack durch atemberaubende Weiten. Diese vielfältigen Möglichkeiten des Unterwegsseins faszinieren mich immer wieder aufs Neue. Dabei erkundete ich nicht nur äußere Regionen, sondern auch geistiges Neuland, sodass sich mir neue Denk- und Lebensweisen offenbarten; sie veränderten nicht nur mein westlich geprägtes Denkschema, sondern vermittelten mir auch tiefere Kenntnisse meines eigenen Wesens, während ich immer tiefer eintauchte in den Kosmos der Seidenstraße, die als genaue Reiseroute nie existiert hat. Vielmehr umfasste die Seidenstraße ein ausgedehntes Straßengeflecht von zahllosen Kamelpfaden, die – über eine Strecke von 15 000 Kilometern – das Abendland mit dem fernen Asien verbanden.

Jahrhundertelang zogen Kaufleute, Handwerker, Abgesandte, Priester und Mönche in großer Zahl über die verzweigten Routen der Seidenstraße, deren Hauptstrecke von Chinas Chang'an, dem heutigen Xi'an, durch Zentralasien und den Mittleren und Nahen Osten bis nach Rom führte. Wie Perlen an einer magischen Kette reihten sich einst und heute geheimnisvolle Städte an das Wegesystem der Seidenstraße: Antiochia, Palmyra, Hamadan, Merw, Buchara, Samarkand, Kashi, Aksu, Turpan und Dunhuang. Zweiglinien gab es ins Russische Reich, nach Kaschmir und Indien.

Als Lasttiere für den Transport von Waren und Kulturgütern dienten Kamele, Maultiere, Yaks oder Ochsen, die in Körben, Ballen und Kisten vor allem die im Abendland so begehrten Seidenstoffe trugen, die der Legende nach von dem geheimnisvollen Volk der Serer stammten, den sogenannten »Seidenleuten«. Es waren die Chinesen, die sich das Seidenmonopol über Jahrhunderte bewahrt hatten, bis im 5. Jahrhundert eine Prinzessin, die vom chinesischen Kaiser nach Khotan geschickt wurde, einige der begehrten Raupen in ihrer Hochfrisur versteckt hinausschmuggelte. So kam es, dass die Seidenraupenzucht auch außerhalb des chinesischen Reiches möglich war.

Jede Reise auf den verzweigten Pfaden der Seidenstraße galt als waghalsiges Abenteuer. Vor allem Kälte, Hitze, Schnee- und Sandstürme, Hunger, Durst, Überfälle von Raubgesindel und das Risiko, sich in der Wildnis zu verirren, waren alltägliche Gefahren, die auf dem Weg durch die exotische Fremde lauerten. Hinzu kamen die Strapazen und Entbehrungen, denen die Karawanenreisenden ausgeliefert waren, wenn hohe Gebirgspässe und weite Wüstenstrecken überwunden werden mussten.

Als schwierigstes Teilstück der Seidenstraße galt die Umgehung der zentralasiatischen Wüsten Taklamakan, Lop Nor und Gashun Gobi, die sich im Nordwesten von China erstrecken. Dieses wasserlose Ödland, geprägt von ausgedehnten Sandmeeren, war der Grund, dass jenseits der Oase von Dunhuang die Seidenstraße sich in zwei Streckenabschnitte teilte: Der eine Weg führte am Nordrand des Tarimbeckens über die Oasen Turpan und Kutscha entlang, während die südliche Route über Niya und Khotan verlief. Beide Wege vereinigten sich nach Hunderten von Kilometern in Kashgar, wo die Karawanen sich mit Trinkwasser und Vorräten versorgten, ehe sie weiter in Richtung Westen zogen.

Schon Marco Polo (ca. 1254–1324), der wohl berühmteste Reisende auf der Seidenstraße, berichtete in seinem Buch

Il Milione – Die Wunder der Welt über das Extremland Lop Nor: »Die Wüste in ihrer ganzen Länge zu durchqueren, würde ein Jahr dauern, so sagt man. An der schmalsten Stelle braucht man einen Monat. Überall Berge, Sand und Täler. Nichts Essbares. (…) Während des nächtlichen Rittes durch die Wüste kann es geschehen, dass einer ein wenig zurückbleibt, sich von seinen Gefährten entfernt, um zu schlafen oder aus irgendwelchem anderen Grund. Wenn er sich dann seinen Mitreisenden wieder anschließen möchte, vernimmt er Geisterstimmen, die sprechen, als wären sie seine Gefährten; denn sie rufen ihn oft bei seinem Namen. Manchmal führen sie ihn derart in die Irre, dass er die Karawane nie mehr findet.«

Trotz zahlreicher Gefahren waren die reich beladenen Handelskarawanen zur Blütezeit der Seidenstraße (vom 4. bis zum 14. Jahrhundert) stetig zwischen Ost und West unterwegs, ehe Chinas Seide dem transasiatischen Wegegeflecht den Namen gab. Ferdinand von Richthofen (1833–1905) war es, der im 19. Jahrhundert den klangvollen Namen »Seidenstraße« ersann. Für ihn galten die weitläufigen Karawanenpfade in Zentralasien als wichtiger Kontaktraum der Völker zwischen Asien und Abendland. Schon vor viertausend Jahren soll dieser fernöstliche Korridor von Menschen durchwandert worden sein.

Seit jenen fernen Tagen gilt das transasiatische Wegenetz der Seidenstraße als eine der ältesten und wichtigsten Handelsrouten der Welt. Unzählige Kaufleute und Gesandte zogen mit europäischen Waren nach China, verkauften den Asiaten Edelsteine, Gold, Silber, Glas, Teppiche und mechanische Uhren. In umgekehrter Richtung gelangten Gewürze, Tee, Pelze, Jade, Porzellan und vor allem Seide nach Europa. Neben dem Venezianer Marco Polo zählten vor allem Ibn Battuta, Wilhelm von Rubruck, Benedikt von Polen, Peter von Lucalongo, Arnold von Köln, Johannes de Marignolli und Bento de Goes zu den bedeutendsten Reisenden auf dem sagenumwobenen Handelsweg. Und auch der schwedische Entdecker Sven Hedin (1865–1952) folgte der Seidenstraße und schrieb über das umfangreiche Verbundnetz: »Ohne Übertreibung kann man sagen, dass diese Handelsstraße das längste und in kulturgeschichtlicher Hinsicht bedeutungsvollste Verbindungsglied zwischen Völkern und Erdteilen ist.«

Im Laufe der Jahrhunderte entwickelte sich die Seidenstraße auch zu einer Tauschbörse von Kulturen und Weltreligionen: So gastierte zur Zeit Jesu der erste chinesische Zirkus bei Kaiser Tiberius in Rom. Und in der Gegenrichtung kamen Hinduisten aus Indien, Islamisten aus Arabien und Anhänger des Manichäismus aus Persien bis nach China.

Noch heute zeugen an der Seidenstraße märchenhafte Städte von ihrer großen Vergangenheit. Besonders Samarkand ist nach wie vor eine Reise wert.

*

Die Luft in der usbekischen Handelsmetropole war von feinem Staub und lieblichen Blütenmischungen gesättigt, als ich über den Central-Markt von Samarkand schlenderte. Es roch nach frisch gebackenem Brot, nach Obst, Gemüse und Kräutern. Da lagen Trockenfrüchte, Nüsse und Aprikosenkerne in Körben und Säcken, türmten sich kiloschwere Melonen auf den Verkaufstischen, und überall wurden Waren gehandelt und feilgeboten. In den halboffenen Hallen trieb ich in einem bunten Völkerstrom, der sich gemächlich durch die Marktreihen schob: Tadschiken, Kirgisen, Tataren, Russen und Usbeken. Vor allem die usbekischen Frauen waren in ihren bunten Kleidern ein faszinierender Blickfang. Selbst ihre Kopftücher, die sie im Nacken verknotet hatten, oder die reich bestickten Tjubetejkas, die landestypischen Kappen mit mehr als dreißig schmalen Zöpfchen, die am Rücken herunterbaumelten, waren farbig gesprenkelt.

Seit alters her leben die Märkte in Samarkand vom Geschäft und Austausch mit weit entfernten Regionen. Nicht nur Güter und Geld kamen in der ehemaligen Oasenstadt zusammen, sondern auch Kulturen, Künste und Religionen, sodass dieser Ort, einst nur ein Marktflecken, im Laufe von Jahrhunderten zum kulturellen Mittelpunkt des mongolischen Weltreichs wurde. Ein Schmelztiegel zwischen der fernöstlichen und der abendländischen Kultur, wo sich die Seidenstraße in einen indischen und einen chinesischen Karawanenweg gabelte.

*

Samarkand – ein Name, den man sich sachte auf der Zunge zergehen lassen muss, dann schmeckt man schon das Wesen dieser orientalischen Stadt, die allerdings niemals zum Orient zählte.

Doch wo liegt Samarkand?

Samarkand hat etwa 350 000 vorwiegend muslimische Einwohner und liegt mitten in Zentralasien, in der unabhängigen Republik Usbekistan, genauer im fruchtbaren Flusstal des Serafschans, zwischen der »Roten Wüste« Kyzylkum im Westen, die sich bis zum Aralsee erstreckt, und dem gewaltigen Pamir-Gebirge im Osten, über das die

Kirgisen sagen: »Die Gipfel sind so hoch, dass selbst die Vögel sie bestenfalls nur zu Fuß erreichen.«

Schon im 4. Jahrhundert vor Christus eroberten Truppen Alexanders des Großen das heutige Samarkand, das damals aber nicht mehr als eine Oase war. Zu Marco Polos Zeiten wurde die Relaisstation an der Seidenstraße *Samarcan* genannt; ihr Reichtum soll unermesslich gewesen sein, und so war sie umgürtet von einer Wehrmauer, die die Bewohner und ihre Stadt – mit Häusern, bewässerten Gärten, Springbrunnen und breiten Pfirsichbaum-Alleen – schützen sollte. Diesen paradiesischen Ort zerstörte 1220 das Mongolenheer des Dschingis Khan, bevor mehr als hundert Jahre später Timur Leng, der große »Stählerne«, auch Tamerlan genannt, den zerfallenen Handelsort wieder aufbauen ließ. Dank seiner Herrschermacht verfügte Timur Leng (1336–1405), der seinen Beinamen »der Lahme« nach einer Verwundung im Kampf mit dem Sultan des Osmanisch-Türkischen Reichs erhielt und dessen wilde Horde raubend und plündernd bis nach Europa und Indien vordrang, über unbegrenzte Mittel. Mit Mörtel und Steinen, Fliesen und Marmor ließ er bauen und bauen – und machte Samarkand zur Hauptstadt des zweiten mongolischen Weltreiches. Er ließ atemberaubende Gebäude errichten, die Samarkand den Ruf als »schönste Stadt der Welt« bescherten und zu einem prachtvollen Zentrum des Handels machten, geschaffen von den besten Baumeistern, Handwerkern und Künstlern aus aller Herren Länder, die Timur Leng auf seinen Feldzügen gefangen nahm und nach Samarkand verschleppte.

Trotz seiner brutalen Plünderungskriege genießt Timur Leng in Usbekistan noch immer hohes Ansehen. Seit der Unabhängigkeit des Landes wird er sogar als Nationalheld verehrt, als großer Förderer von Kultur und Kunst. Sein Mausoleum, das prächtige Grabmal Gur-Emir mit melonenförmiger gerippter Kuppel, das seit der Beisetzung 1405 die Gebeine des Mongolenherrschers in einem Sarkophag birgt, zieht noch heute Touristen an, aber auch Pilger von weit über die Landesgrenzen hinaus, die den einstigen Welteroberer – nach fast einem Jahrhundert russischer Fremdherrschaft – wieder wertschätzen und Gebete für ihn sprechen.

Neben dem Gur-Emir zählen in Samarkand viele weitere antike Sehenswürdigkeiten zum Weltkulturerbe der UNESCO. Allen voran der Registan. Ein groß angelegter, mittelalterlicher Platz, der seit Jahrhunderten das Herz des antiken Samarkand bildet und der einst als Handwerker- und Handelszentrum galt – mit Basaren, Karawansereien und Koranschulen. Ein Ort des Herrscherwillens, auf dem Paraden und Hinrichtungen stattfanden.

Schlichtweg überwältigend empfand ich den vielleicht prachtvollsten Platz Mittelasiens, den drei gigantische Medressen, »Häuser des Wissens« bzw. Koranschulen, in vollkommener Symmetrie flankierten. Dieses Ensemble islamischer Architektur, das den offenen Himmel miteinbezog, war im Sonnenlicht wahrlich beeindruckend. Ich sah Bauwerke, Fassaden und Minarette in jeder Höhe, jeder Form, jeder Ausdehnung. Diese Anlage war der erste Anlass, mich einer sich steigernden Faszination auszuliefern: ein Flecken wie eine usbekische Theaterbühne mit orientalischen Traumkulissen – und alle Passanten oder Besucher waren nur Komparsen. Selbst die Manjas, die afghanisch-indischen Stare, die aus Trägheit nur selten aufflogen, spazierten wie Statisten über den Fliesenboden.

Um mich herum eine Symphonie faszinierender Kunst –

SAMARKAND: IM PRÄCHTIGEN GRABMAL GUR-EMIR RUHEN
DIE GEBEINE DES MONGOLENHERRSCHERS TIMUR LENG.

gepflasterte Bodenmosaike, edle Minarette, gekachelte Ornamentwände, melonenförmige Riesenkuppeln mit türkisfarbener Lasur, mächtige Portale mit Lanzettenbögen. Hier war etwas von dem menschlichen Streben nach Schönheit und Größe eingefangen und bis heute bewahrt worden. Der Anblick dieses Platzes, der imperatorisches Herrscherbewusstsein widerspiegelte, ließ mich Stunde um Stunde verweilen, ehe ich den tieferen Sinn des Registan erahnte, der in jener Verzauberung zu bestehen schien, wie sie früher für Märchen ersonnen wurde.

Und wenn sich der Nachthimmel über den erleuchteten Platz spannte, entstanden tiefe Eindrücke und großartige Bilder jenseits aller Worte.

*

Anderntags offenbarte sich mir ein ganz anderes Samarkand, das weit weniger märchenhaft war. Entlang mehrspuriger Straßen mit hektischem Verkehrstreiben lief ich durch moderne Wohnviertel. Dazwischen weitläufige Parks und kleine Zaubergärten, wo Usbeken auf einem Sitzbett hockten, das traditionelle silberbestickte Käppchen auf dem Kopf. Um zur Bibi-Chanum-Moschee zu gelangen, deren Bau bereits 1399 begonnen hatte, folgte ich der Tashkent Road. Sie ist Samarkands Flaniermeile und wird von Mauern begrenzt, die nur gelegentlich von einzelnen Türen unterbrochen sind. Gleich dahinter beginnt die Altstadt, wo abseits moderner Fassaden und antiker Prachtbauten eine andere Welt existiert.

Wie eine Arche, die aus der Zeit gefallen war, erschien mir der alte Kern von Samarkand. Hier verdienten die einfachen Familien ihr Brot und lebten ein Leben im ewigen

Schatten, denn die Häuser standen zumeist so dicht gedrängt, dass kaum ein Sonnenstrahl in die winzigen Fenster dringen konnte. Ich hatte den Eindruck, als wollten die Regierenden und Neureichen von Samarkand das Arbeits- und Alltagsleben hinter meterhohen Mauern verstecken, was in Anblick und Bewusstsein einen delikaten Sondersinn erzeugte.

Die Einfachheit des Altstadtlebens, das ein krasses Gegenstück zum modernen Samarkand darstellte, beschäftigte mich noch lange. Auch die Blicke und Gesichter der Menschen, die in diesem Viertel lebten und deren Freundlichkeit Ausdruck ihrer Würde war, blieben mir in Erinnerung, ehe ich mich erneut von jenen prächtigen Gebäuden faszinieren ließ, die das Machtzentrum des Timur Leng sichtbar machten: die monumentale Bibi-Chanum-Moschee. Mit ihren drei Kuppelbauten und den kostbaren Ausstattungen galt sie im 15. Jahrhundert als eine der größten und prächtigsten Moscheen der islamischen Welt und soll, so heißt es in einer Legende, vom Mongolenherrscher für seine Lieblingsfrau errichtet worden sein. Dann die eindrucksvolle Gräberstraße Shohizinda mit ihren Mausoleen, deren fliesenverzierte Fassadenelemente in leuchtenden Glasurfarben glänzten; ein spiritueller Kraft-Ort der Usbeken, auf einem Hügel gelegen, zu dem ein schmaler gefliester Weg und eine lange, steile Freitreppe hinauf führte.

Und schließlich, auf einem nordöstlichen Stadthügel, das Observatorium des Fürsten und Astronomen Ulugh Beg (1394–1449), ein Enkel und Nachfolger Timur Lengs. Hier lauschte ich den Ausführungen meines usbekischen Guides, der mir begeistert erzählte, dass Ulugh Beg zu Beginn des 15. Jahrhunderts in seiner Sternwarte einen gigantischen Sextanten aus Steinen des Altai-Gebirges bauen ließ, dessen Radius vierzig Meter umfasste. Bis zu tausend Himmelskörper soll der Samarkander Astronom einst bestimmt und in einem Sternenatlas notiert haben. Seine exakten astronomischen Berechnungen waren auch im Abendland lange Zeit Grundlage für den Fernblick in den Kosmos.

Beim Herumwandern in Samarkand fügte ich die geborstenen Ruinen, imposante Reste architektonischer Kuriosität, in meiner Phantasie wieder zusammen, stellte in Gedanken unzählige Säulen auf, die einst Pracht und Herrlichkeit dargestellt hatten. Und mit all diesen teils verwirrenden Bildern und verwunderlichen Eindrücken ließ ich mich immer wieder aufs Neue durch die Straßen treiben – und landete stets in einem der wunderbaren Teehäuser oder Restaurants, wo ich das behagliche Ausruhen auf einem quadratischen Bett genoss.

Barfüßig saß ich dann im Schneidersitz an einem kleinen Tisch und lauschte den Gesprächen der Usbeken. Ich verstand zwar kaum ein Wort, doch einen Dolmetscher vermisste ich nicht. Mir genügte das exotische Stimmengewirr; die gelassenen, verschmitzten oder harten Gesichter der Alten, ihre Mandelaugen, ihr bekennendes Usbeken-Outfit – der lange Steppenmantel und das bestickte Käppchen, die Tjubetejka – und dazu, auf meinem eckigen Holztisch, ein heißer grüner Tee und der Plow, ein Reis-Hammel-Gericht mit Bündeln gegarter Knoblauchzehen, leicht angebacken. All das war mir genug, um in die alten Legenden dieser fast dreitausend Jahre alten Oase einzutauchen. »Samarkand«, sagte ich leise – und vor meinem geistigen Auge wurden Bilder von Kamelkarawanen und ihren Treibern lebendig, die lange vor mir an diesem Ort zwischen Orient und Okzident Tee tranken und Hammelfleisch aßen, ehe sie auf der Seidenstraße weiter zogen.

*

Jenseits von Samarkand, etwa dreitausend Kilometer in Richtung Osten, liegt die mit Pappeln, Ulmen und Eschen umfriedete Oasenstadt Dunhuang im Nordwesten Chinas. Einst nur eine Versorgungsstation vorüberziehender Karawanen, war auch sie, von den kulturellen und ethnischen Strömungen der Seidenstraße geprägt, im Laufe der Zeit zu einer wichtigen Handelsmetropole herangewachsen. Ein Schmelztiegel zahlreicher Völkerschaften – Kasachen und Kirgisen, Usbeken und Russen, Tadschiken und Mongolen –, vor allem aber Uiguren lebten hier, ein Turkvolk mit einer dem Türkischen eng verwandten Sprache. Dessen Vorfahren waren ehemals südlich des Baikalsees beheimatet, ehe sie auf den transasiatischen Pfaden bis nach China vordrangen und über den Manichäismus und Buddhismus zum Islam gelangten. Schon frühzeitig begannen die Uiguren, in Kleidung und Kultur das konträre Gegenstück zu den Chinesen, mit dem Anbau von Weizen, Obst, Gemüse und Baumwolle. Zudem pflanzten sie Pappeln, Ulmen und Olivenbäume, sodass mitten im wüsten Landstrich Xinjiangs, Chinas nordwestlichster Provinz, üppige Grünflächen entstanden und Dunhuang für jede begüterte Karawane, beladen mit exotischen Kostbarkeiten, etwas Erlösendes hatte.

Mittlerweile droht den Uiguren, die seit tausend Jahren in der hellbraunen Welt der Einöde ansässig sind, die Ausgrenzung im eigenen Land: Die Kolonisierung durch die

Han-Chinesen schreitet immer mehr voran, und der Alltag Dunhuangs wird von handfesten chinesischen Interessen diktiert. Es geht um Vorkommen von Öl, Gas, Kupfer, Eisen und Gold, die in der Wüste lagern. Für China, das sich durch die Bodenschätze in Xinjiang seine Unabhängigkeit von den unberechenbaren Seewegen nach Nahost erhofft, eine wichtige Schatzkammer.

So hat sich Dunhuang binnen weniger Jahrzehnte zu einer Stadt mit rund 190 000 Einwohnern entwickelt, die in Wohnsilos und Reihenhäusern leben – zumeist Han-Chinesen.

Doch das Dünenmeer der Wüste reicht noch immer bis auf wenige Kilometer an die südliche Stadtgrenze heran. Und wenn der gefürchtete Sandsturm »Kara buran«, der schwarze Wind, mit dumpfem Donnergrollen über die Peripherien der ehemaligen Oasenstadt braust und große Mengen Staub und Sand mit sich führt, erzählen alte Uiguren die Legende von der Armee des chinesischen Kaisers, die einst unter dem Sandmeer begraben wurde.

Die menschenleeren Einöden der Wüsten Lop Nor und Taklamakan gelten den Einheimischen noch heute als bedrohliches Reich der Geister und Dämonen, weshalb sich die Seidenstraße bei Dunhuang in eine nördliche und eine südliche Umgehungsroute teilt. An der Gabelung dieser Wegstrecken, nur fünfzehn Kilometer von der ehemaligen Karawanenstadt entfernt, liegt das Schönste, was die Seidenstraße zu bieten hat: die Klosteranlage von Dunhuang, auch Mogao-Grotten oder die Tausend-Buddha-Höhlen genannt. Eine phantastische Anlage mit ursprünglich tausend Felshöhlen, die sich in einer sandfarbenen Klippenwand befinden, gleich neben einem fünfstöckigen Tempel, der von kunstvollen Holzarbeiten geprägt ist. Rot-

braune Stockwerkbalustraden und kunstvolle Zwischen-
dächer münden in einen mehrarmigen Dachfirst, dessen
geschwungenes Ziegeldach wie Wellenkämme wirkt, die
schützend über dem hohen Gebäude liegen, um alles Heilige zu bewahren. Die Spitze des Daches bilden fünf übereinander angeordnete Kugeln, die sich in den Himmel re-
cken.

Nie werde ich jenen Augenblick vergessen, als ich nach
einer langen Wüstenwanderung an diesen Ort gelangte
und mich etwas abseits des Haupttempels auf einem Stein
niederließ und mir die Geschichte der Tausend-Buddha-
Höhlen in Erinnerung rief: Im Jahr 366 wurde der Mönch
Luozun in den Mingsha-Bergen, im Nordwesten Chinas, von Banditen überfallen. Nur auf wundersame Weise
konnte er ihnen entkommen. Zum Dank schnitzte er eine
Buddha-Statue, die er – unweit der Oase von Mogao – in
die Aushöhlung einer hohen Felswand stellte. An derselben Stelle entstanden in den darauffolgenden Jahren weitere, von buddhistischen Mönchen in mühevoller Arbeit
in den Fels gehauene Höhlen. Das Innere der dunklen
Kavernen schmückten sie im Licht einfacher Lampen
mit farbenprächtigen Wandgemälden und formschönen
Skulpturen – religiösen Kunstwerken der Fürbitte und
Dankbarkeit. So entstand die Klosteranlage von Dunhuang, die zur Blütezeit der Seidenstraße zum größten Fel-
sentempel Zentralasiens ausgebaut wurde. Für alle Karawanen, die hier Station machten, war diese Klosteranlage
ein Ort der Sehnsucht. Und jeder Reisende, der die Strapazen in den gefürchteten Wüsten Zentralasiens überstan-
den hatte, dem schlimmsten Teil der Seidenstraße, betete
und dankte in den Mogao-Höhlen für die wundersame

CHINA: DIE TEMPELANLAGE VON DUNHUANG,
AUCH MOGAO-GROTTEN GENANNT, ZÄHLT ZU DEN
EINDRUCKSVOLLSTEN HEILIGTÜMERN DES BUDDHISMUS.

Errettung; und wer in umgekehrter Richtung weiter nach Westen wollte, erflehte hier den Schutz göttlicher Macht.

So war die Tempelanlage von Dunhuang Anfang und Ende eines Weges, auf dem sich das Schicksal zahlloser Karawanen entschied.

Ob Karawanenführer, Bauern, Priester oder Kaufleute – wer aus der Hölle der menschenfeindlichen Ödnis kam, opferte hier seinen Göttern und förderte den Klosterausbau mit finanzieller Unterstützung, sodass die Kultstätte durch den lebhaften Verkehr auf der Seidenstraße zu großem Reichtum gelangte. Selbst Dschingis Khans Mongolensturm im 13. Jahrhundert konnte den Betrieb entlang der Seidenstraße nicht zum Erliegen bringen. Erst als die Übergriffe marodierender Stämme in Zentralasien anwuchsen, die fremdenfeindliche Ming-Dynastie im 14. Jahrhundert sämtliche Kulturverbindungen zum Westen abbrach, der Handel zwischen Ost und West zunehmend auf dem Seeweg abgewickelt wurde und die Seidenraupenzucht auch außerhalb des chinesischen Reiches möglich war, verloren die Kommunikations- und Handelsadern der Seidenstraße an Bedeutung. Der Landverkehr zwischen China und Europa kam zum Erliegen und das Kloster von Dunhuang verlor jegliche Unterstützung, wurde eines Tages verlassen, geriet in Vergessenheit und war schließlich vom Sand der Wüste begraben worden.

Erst im Jahr 1899 stieß der taoistische Wandermönch Wang Yuanlu, der in den Mingsha-Bergen nach seinen religiösen Vorgängern suchte, durch Zufall auf Dunhuang. Mit Hilfe von mehreren Arbeitern ließ er riesige Mengen Sand abräumen und legte die längst vergessene Tempelanlage frei. In tausend Mönchsgrotten, die wie Bienenwaben im weichen Sandstein einer hohen Steilwand klebten, entdeckte er die farbenprächtigen, vom Wüstenklima konservierten Fresken, eine große Anzahl von buddhistischen Skulpturen und Statuen – sowie eine Bibliothek mit etwa 50 000 Dokumenten, die aus dem dritten bis elften Jahrhundert stammten: Glaubenszeugnisse, Sutrentexte und historische Materialien.

Damals, zu Beginn des 20. Jahrhunderts, erkannte niemand in China den Wert der wiederentdeckten Kunstschätze. Ein fataler Umstand, der bittere Folgen hatte, als Forscher und Abenteurer aus aller Herren Länder von den spektakulären Funden hörten und eine internationale Jagd auf die phantastischen Reichtümer der Seidenstraße begann. Franzosen, Schweden, Engländer, Russen, Amerikaner, Japaner und auch Deutsche machten sich auf den Weg zu den untergegangenen Städten Westchinas. Gegen geringe Geldbeträge erwarben sie Tausende von Schriftrollen, Skulpturen und Malereien: In den Klosterhöhlen von Dunhuang wurden unzählige Fresken mit Spezialklebstoff bestrichen, um sie mit leimgetränkten Gazestreifen wie Abziehbilder von den Felswänden zu reißen und mit Kamelen fortzuschaffen. Ein übler Frevel an diesen einmaligen Kunstschätzen.

Diese archäologischen Beutezüge, von China geschmäht und im Westen begeistert gefeiert, gelten als umstrittene Episode in der Geschichte Zentralasiens; für die Chinesen sind sie ein unersetzlicher Verlust, denn viele Kunstschätze, die nach Deutschland ins Berliner Völkerkundemuseum gelangten, wurden bei den alliierten Bombenangriffen im Zweiten Weltkrieg vernichtet, oder sie verschwanden im British Museum und in der British Library – in Magazinschränken mit Temperaturfühlern und Luftfiltern, für Besucher unzugänglich.

Mittlerweile sind seit den schamlosen Diebstählen entlang der Seidenstraße fast hundert Jahre vergangen, die
aber den Mythos der Klostersiedlung von Dunhuang
glücklicherweise nicht entzaubern konnten. Ungebrochen
ist die religiöse Bedeutung und meditative Atmosphäre
dieses einzigartigen Sehnsuchtsortes aus längst vergangener Zeit, der nach umfangreichen Restaurierungsarbei-
ten auch der Öffentlichkeit wieder zugänglich ist. Von den
ehemals tausend Mönchshöhlen sind heute 492 Felsgrot-
ten erhalten, die mehr als zweitausend Buddha-Statuen
und 45 000 Quadratmeter Wandmalereien beherbergen.
Es ist die größte Galerie der Welt – und zugleich die um-
fangreichste Schatzkammer des Buddhismus.

*

Als ich das Innere der Höhlen betrat, empfingen mich aus-
drucksstarke Standbilder Buddhas und seiner Jünger, der
Bodhisattvas: modellierte Skulpturen in verschiedensten
Größen, von zehn Zentimetern bis zu dreiunddreißig Metern. An den Decken und Wänden befanden sich großflä-
chige Fresken, die, zur Verehrung des Göttlichen, in verschwenderischer Farbgebung und plastischer Klarheit
aufgetragen worden waren. Kunstvolle Gemälde in unend-
licher Vielfalt, die einen großen Detailreichtum aufwiesen
und vom täglichen Leben in China und entlang der Seidenstraße erzählten, Landschaften und Szenen menschlicher Tätigkeit zeigten: Hausbau, Viehzucht, Jagd, Fische-
rei und Getreidemühlen. Und immer wieder farbenfrohe
Bilder, die, in Übereinstimmung mit den buddhistischen
Schriften, das Leben und Wirken des indischen Prin-
zen Siddharta Gautama zeigten. Der um 560 vor Christus

Geborene hatte im Alter von neunundzwanzig Jahren auf Ansehen und Reichtum verzichtet, um als bettelarmer Wanderasket nach Sinn und Erkenntnis zu suchen, ehe er bei der Meditation unter einer Pappelfeige Erleuchtung erlangte. Aus Siddharta wurde Buddha Shakyamuni, der Weise aus dem Geschlecht der Shakya, der eine der ältesten Weltreligionen gründete.

Das Betrachten der bunten Wandgemälde, die von unterschiedlichsten Künstlern in jenem Mischstil geschaffen wurden, in dem sich die Kulturen aus Indien, Persien, Griechenland und China einst begegneten, empfand ich als unmittelbare, berührende Erfahrung, als würde ich im Angesicht dieser prachtvollen Fresken die Gegenwart höherer, unsichtbarer Kräfte spüren. Kein Zweifel, an diesem heiligen Ort, an dem sich Mythos und Wirklichkeit überlagerten, existierte eine spirituelle Energie.

Sollten alle meine Reisen entlang der Seidenstraße mich vielleicht nur zu diesem heiligen Ort führen? Einen Ort, an dem wohl jeder Reisende oder Pilger seine eigene Erlösung vom Ballast des Alltags ersehnt, selbst wenn sie nur von kurzer Dauer sein mag.

*

Als ich den Haupttempel von Dunhuang wieder verließ, bemerkte ich einige ältere Männer, die etwas abseits unter einem Baum hockten. Mit abgegriffenen Gebetsketten in der Hand gaben sie sich andächtig ihren Gebeten hin. Unvermittelt kamen mir die Worte eines weißbärtigen Uiguren in den Sinn, ein munterer Spaßvogel und Verehrer Buddhas, der mir auf dem Weg nach Dunhuang erzählte, dass das wüste Land Nordwestchinas von unsichtbaren Göttern und Geistern bewohnt sei. »Sie sind überall«, sagte er lächelnd, während seine Augen wie abwesend über den fernen Horizont schweiften. »Sie sind in der Luft, in der Wüste und in den Bergen. Sie sind mitten unter uns, sehen, was wir tun, versuchen uns zu beschützen, wenn das Schicksal seine Schatten wirft – und sie wohnen in den uralten Tempeln.«

Vielleicht hatte er recht, dachte ich, und sah noch einmal zu den Felshöhlen in der steilen Sandsteinwand hinauf. Und einen Augenblick lang war ich ganz sicher: Wenn die Götter auf dieser Welt tatsächlich existierten, so waren sie irgendwo dort oben zu Hause.

WAS IST SEHNSUCHT?

Wenn ein Gefühlsriese erwacht

> Die Sehnsucht ist es, die uns're Seele nährt,
> und nicht die Erfüllung.
>
> ARTHUR SCHNITZLER

Sehnsucht ist eine unstillbare Empfindung, die uns im Inneren bewegt und die eigene Lebensweise zuweilen infrage stellt. Ihr Wesensmerkmal ist der Hunger nach intensivem Erleben, der aus einer Unzufriedenheit, einem Mangel, einer Vernachlässigung der Seele oder einer Bilanzierung des eigenen Daseins entsteht. Sehnsucht beinhaltet den Wunsch nach Veränderung, um Erfahrungen zu machen, die wir im gewohnten Alltag niemals machen würden.

Jenseits unserer Grundbedürfnisse ist Sehnsucht kreativ und phantasievoll; sie lässt die Zeit stillstehen, wirbelt sie in einem Anflug von Euphorie davon, beherrscht unser Denken und will unser Leben bereichern und intensivieren. Sehnsucht ist der belebende Atem unserer Seele, ist ein inspirierender Impulsgeber, ist der Motor, der uns zu kleinen oder großen Fluchten verführt, uns zu Orten treibt, an denen wir die absolute Erfüllung unserer Wünsche oder Träume erhoffen. Sehnsucht ist die Suche nach Glück, die uns wunderbare Momente beschert, in denen wir flatternde Schmetterlinge im Oberbauch spüren, und die unsere Seele in Hochstimmung bringen.

Doch sie kann auch genau das Gegenteil bewirken und im Bauch ein tief ziehendes Gefühl hervorrufen, das zum stetig wachsenden Schmerz werden kann, der uns in die Knie zwingt. Das sind Momente, in denen die Sehnsucht übermächtig, zur Sucht oder Obsession werden kann. Vor allem, wenn wir unsere Möglichkeiten überschätzt haben, unsere Wunschvorstellungen von der Lebenswirklichkeit eingeholt werden und die Sehnsucht unsere Grenzen aufzeigt, sind Enttäuschung und Ernüchterung meist unvermeidlich. Wie die Zweige einer Trauerweide hängen unsere sehnsüchtigen Hoffnungen dann herab und drücken mit Schwermut und Niedergeschlagenheit aufs Gemüt.

*

Sehnsucht ist ein schlafender Gefühlsriese, der uns, wenn er erwacht, aus der Alltagstretmühle herausreißt. Unvermittelt werden wir dann von sehnsüchtigen Gefühlen bestürmt, und Wünsche und Begehrlichkeiten drängen plötzlich nach Erfüllung. In solchen Momenten beschleicht uns die Ahnung, dass unser Lebensweg vielleicht nicht richtig verläuft, sondern fremdbestimmt ist – und sprunghaft befällt uns die Sehnsucht. Je konkreter wir unsere Sehnsucht dann mit Phantasiebildern ausmalen, desto stärker wird sie und setzt oft ungeahnte Kräfte frei, die einer emotionalen Sprengladung gleichen.

Insofern ist Sehnsucht ein imaginärer Raum unserer Möglichkeiten. Kein anderer Bereich in unserem Inneren kann es mit diesem phantasie- und hoffnungsvollen Areal aufnehmen.

*

Die Wissenschaft unterscheidet heute zwischen einer ideellen und einer materiellen Sehnsucht, die ewig neue Missdeutung zwischen Haben und Sein. Beide Bedürfnisse prägen unser Leben, das äußere wie auch das innere.

Während das materielle Verlangen (Geld, Haus, Macht) sich ausschließlich auf äußerliche Oberflächlichkeit beschränkt und kaum eine wirkliche Befriedigung findet, sondern uns eher als hungernde Empfindung begleitet, die immer wieder aufs Neue genährt werden will, orientiert sich die innere Sehnsucht vor allem am Wesentlichen. Angetrieben von dem Wunsch, dass das eigene Leben gelingen möge, erklärt sich die ideelle Sehnsucht durch das Streben nach Glück und Sinnerfüllung.

Vor allem in unserer heutigen Welt, die so rasend schnell geworden ist, dass wir die Auswirkungen an unserer Seele spüren, wird die Sehnsucht nach Verbindlichkeit und mehr Nachhaltigkeit immer größer. Im Sog der Geschwindigkeit, der uns im Lebensalltag oft überfordert, wünschen wir uns ein übersichtliches und erfülltes Leben, das uns all die Entfaltungsmöglichkeiten bietet, die in uns selbst angelegt sind. Mehr noch: Jenseits von allem Materiellen suchen wir nach Begegnungen, Erfahrungen und kulturellen Werten, die uns Leitlinien zur Orientierung erkennen lassen. Es ist die Suche nach einem sinnvollen und »wertevollen« Leben, das die Leichtigkeit des Seins ermöglicht. Denn ein »werteleeres« Leben erzeugt meist Sinnkrisen und Krankheiten an Körper und Seele, während ein »wertevolles« Leben (Liebe, Herzensbildung, Hilfsbereitschaft, Mut, Freiheit, Kreativität) die Basis für ein gelingendes Gemeinschaftsleben bietet.

Infolgedessen sollte jeder gesellschaftliche Fortschritt nicht an materiellem Besitz oder technischen Innovationen bemessen werden, sondern eher daran, wie wir unser Leben miteinander menschlicher und toleranter gestalten.

Aus diesem Blickwinkel betrachtet, ist Sehnsucht nicht selten auch die Erinnerung an das unreflektierte und nicht gelebte Leben, die zu quälenden existenziellen Fragen führt: Warum war ich nicht mutig genug, meine Träume zu leben? Welche Chancen habe ich nicht genutzt? Warum habe ich aus meinen Leidenschaften nicht mehr gemacht? Was könnte ich heute sein, wenn ich an wichtigen Weggabelungen meines Lebens anders entschieden hätte? Warum habe ich meine Ängste nicht in den Griff bekommen, um meine Sehnsüchte zu verwirklichen? Und: Soll ich mich mit meiner derzeitigen Situation begnügen oder meinem Leben eine neue Richtung geben?

Angesichts der diversen Fragestellungen, die uns bei der Selbstreflektion vielfältige Wege und Möglichkeiten offenbaren, ist es nicht so einfach, die jeweils richtigen Entscheidungen zu treffen oder auf die jeweils richtigen Herausforderungen einzugehen. Unser Leben besteht nun einmal aus Willensbekundung und Verzicht. Entschließe ich mich für einen neuen Weg oder einen fremden Ort, nach dem ich mich im Lebensalltag sehne, schließe ich somit viele andere Möglichkeiten aus. Manchmal greift aber auch das Schicksal in unsere Entscheidungsfindungen ein. Vor allem Krisen, Krankheiten, Unfälle oder der Verlust eines nahestehenden Menschen sind Situationen, in denen wir zu Entschlüssen gedrängt werden, die wir in unbeschwerten Zeiten ganz anders fassen würden.

Wer hingegen das Glück hat, an wichtigen Schnittstellen des Lebens relativ frei entscheiden zu können, und somit auch für die Folgen des eigenen Handelns verantwortlich ist, muss sich zwar der Qual sehnsüchtiger Empfindungen stellen, wird aber in späterer Rückschau auf die Weichenstellungen des Lebens kaum enttäuscht sein. Wer seine Möglichkeiten im Laufe des Lebens immer wieder neu betrachtet und überdenkt, sich selbst sowie anderen nichts vormacht, sehnsüchtige Empfindungen zulässt und gelegentlich auch auslebt, wird rückblickend kaum mit einem »nicht gelebten Leben« hadern. Ganz bewusst wurde an den entscheidenden Momenten des Lebens die Gunst der Stunde erkannt, ja oder nein gesagt – und die Sehnsucht als ein Gefühlsschlupfloch empfunden, das mit Erlebnisreichtum ausgefüllt werden wollte.

*

Sehnsucht ist mein Rüstzeug für beglückende Erlebnisse, ist mein Fundament, auf dem ich mit beiden Beinen festen Halt finde. Sehnsucht konfrontiert mich immer wieder mit der Frage nach dem Sinn und ist eine Empfindung, die mich ein Leben lang begleitet.

SEHNSUCHTSZIEL – TIMBUKTU

Mythos im Sandmeer

Hütet euch vor den Sehnsüchten,
die in Erfüllung gehen.
STÉPHANE MALLARMÉ

Weit hinter einem hitzeverschleierten Horizont, im Sandmeer der Sahara, liegt eine jahrhundertealte Stadt, sagenumwoben und geheimnisvoll. Eine Oasenstadt, deren große Vergangenheit noch immer lange Schatten wirft. Hier erinnern mehrstöckige Lehmhäuser mit abgerundetem Mauerwerk und klaren, kubischen Formen an Ernst Mackes Tunesienbilder, manche mit residenzhaftem Charakter, die seit undenklichen Zeiten dem ewigen Wüstenwind trotzen. Dann festungsartige Moscheen, deren wuchtige Minarette in den blauen Himmel ragen. Sandige Wege, die sich wie Lebensadern zwischen dem Häusergeflecht hindurchschlängeln. Überall Spuren von Wind und Sand. Nirgendwo Grün. Alles wirkt nackt und kulissenhaft, belebt nur von Sonne und Schatten – und den wenigen Menschen: groß gewachsene, graziöse Frauen in bunten Kleidern, das schwarze Haar zu dünnen Zöpfen geflochten, tragen Tonkrüge oder Bündel auf dem Kopf. Die Männer in blauen oder weißen Gewändern, die durch den schmalen Schlitz ihres Tagoulmoust blicken, einem bis zu fünf Meter langen Tuch, das, zu einem Turban und Gesichtsschleier gewunden, nicht nur vor Staub und Sand schützt, sondern auch die Feuchtigkeit zurückhält und gelegentlich auch die Identität verbirgt.

Ich befand mich auf einer Sahara-Insel, die seit undenklichen Zeiten Timbuktu genannt wird. Man denkt an farbenprächtige Karawansereien, exotische Märkte und stolze Tuareg-Nomaden, hochmütig in Bewegung und Haltung, und sieht vor dem geistigen Auge gewaltige Sanddünen, die, vom Wind angetrieben, wie Wellen einer aufgewühlten See alles überwandern, was sich ihnen in den Weg stellt.

Das Phänomen Timbuktu, Malis weltenferne Wüstenmetropole, hat mich im Laufe der Jahre immer wieder angelockt. Und immer wieder wollte ich die seltsame Magie dieser Wüstenstadt enträtseln, deren kulturelle Hochblüte und sagenhafter Reichtum einst bis Europa drang und zur Legende wurde. Eine Stadt am südlichen Rand der Sahara, die den Europäern über Jahrhunderte unerreichbar erschien und an deren Namen sich Neugier und Abenteuerlust, Gier und Verlangen entzündeten.

Alexander Gordon Laing kam als erster Europäer am 13. August 1826 nach Timbuktu. Als einziger Überlebender einer britischen Expedition hielt der schottische Offizier nach entbehrungsreichem Marsch durch die Sahara in goldbetresster Uniform Einzug in die Oasenstadt. Trotz seines provozierenden Auftritts gewährte ihm ein geistlicher Führer Schutz und Obhut. Einige Wochen später wurde der »Ungläubige« zwar auf der Rückreise von seinen arabischen Begleitern erstochen, doch Timbuktus Bann war gebrochen.

Zwei Jahre später betrat der Franzose René Caillié die Wüstenstadt. Um das Vertrauen der Einheimischen zu gewinnen, hatte er Arabisch gelernt und trug die Landestracht der Mohammedaner. Er nannte sich Abd-Allahi und gab sich als Ägypter aus, der angeblich als Kind von französischen Soldaten unter Napoleon in den Senegal entführt worden war. Im Land seiner Väter, so erklärte er, wollte er nach seiner Familie forschen. Mit dieser Geschichte versuchte Caillié das Vertrauen der Tuareg zu gewinnen und mietete sich ein Zimmer. Doch nach nur dreizehn Tagen wurde seine wahre Identität aufgedeckt und er musste Hals über Kopf fliehen, um sein Leben zu retten.

Im September 1853 war es dann der Hamburger Historiker und Naturforscher Heinrich Barth, der die entlegene Wüstenstadt erreichte. »Endlich erblickte ich die Stadt Timbuktu«, notierte er. »Uns kam eine Schar von Leuten entgegen, um die Fremden zu begrüßen. Es war dies ein bedeutungsvoller Augenblick. Die geringste Blöße, die ich mir gab, der geringste Argwohn, den die bewaffnete Schar gegen mich fasste, konnte mir den Eintritt in die Stadt unmöglich machen und mich ins Verderben stürzen. Ich setzte mein Pferd in Galopp und sprengte, meine Flinte in der Hand, voraus, um die Entgegenkommenden zu begrüßen ...«

Barths Verwegenheit, sein tiefes Einfühlungsvermögen in fremde Kulturen und die umfangreichen Kenntnisse der arabischen Sprache beeindruckten die Einheimischen so sehr, dass sein zweijähriger Aufenthalt außergewöhnlich ergiebig wurde. Nachweislich war er der erste Europäer, der mit seinen Aufzeichnungen und Forschungsergebnissen ein detailliertes Bild vom Leben in dem abgelegenen Wüstenort dokumentierte. Noch heute wird er von vielen Afrikanern verehrt, die ihn Abd el-Kerim nennen, »Diener des Allerhöchsten«.

TIMBUKTU: DIE NEUNHUNDERT JAHRE ALTE SANKORÉ-
MOSCHEE MIT IHREM PYRAMIDENFÖRMIGEN MINARETT.

Seit jeher war Timbuktu unablässig dem Ansturm der Wüste ausgeliefert und schien oft dem Untergang geweiht zu sein. Doch Generationen von Menschen nahmen tagtäglich den Kampf gegen die unaufhaltsam vorrückenden Wanderdünen auf, trotzten dem konstant wehenden Wind und den gelbbraunen Sandmassen mit Schaufeln, Besen und Schubkarren, wenn die Flugsandwogen der Sahara ganze Landstriche zudeckten und wie riesige Tentakel nach den Wohnhäusern der legendären Oase griffen.

*

Wenn ich heute an Timbuktu denke, kommen mir vor allem die Bilder meiner ersten Westafrikareise in den Sinn, als ich in Mali auf dem wasserwälzenden Niger unterwegs war. Bilder, die sich tief in mein Bewusstsein eingeprägt haben und aus meinem Erinnerungsschatz herausragen. Eine Reise, die all meine Sehnsüchte nach einem ursprünglichen Afrika erfüllte.

Es war gegen Ende der siebziger Jahre, als ich mit dem Kameramann Michael Koschmieder nach Bamako flog, der Hauptstadt des westafrikanischen Staates Mali, der dreimal so groß ist wie Deutschland. Hier, wo die trägen Wasser des Niger durch eine ausgedehnte Ebene fließen und die breiten Fluten mit schwimmenden Inseln gesprenkelt sind, begann unsere Reise nach Timbuktu. Der Niger ist Afrikas drittgrößter Strom; er entspringt in den Bergen Guineas und durchfließt die südliche Sahara in einem weiten Bogen, bevor er nach mehr als viertausend Kilometern im Süden Nigerias das Meer erreicht. Wir hatten uns vorgenommen, statt an Deck eines überfüllten, klapprigen Fährschiffes den Niger in einem Faltkajak zu befahren. Wir wollten dem Fluss so nahe wie möglich sein und Westafrikas großen Strom aus ganz niedriger »Freibord-Perspektive« erleben.

*

Über den Verlauf des Niger, dem wohl geheimnisvollsten Fluss Westafrikas, zerbrachen sich Gelehrte und Abenteurer jahrhundertelang den Kopf. Seit dem Altertum beschränkte sich das Wissen über den Schwarzen Kontinent nur auf den nördlichen Teil. Zum Süden hin waren die Kenntnisse nicht ausreichend genug, um sich ein umfassendes Bild zu machen. Erst mit Beginn des 18. Jahrhunderts wurde in Europa bekannt, dass es an der afrikanischen Westküste zwei westwärts fließende Ströme mit Namen Gambia und Senegal gab. Überdies hörte man von einem weiteren Strom, der von Norden kommend sich einen Weg bis zum Golf von Guinea bahnte: der Niger, dem die Völker Westafrikas zahlreiche Namen gegeben hatten – Tembiko, Issa Beri, Debbo, Dscholiba, Kwarra oder Ghirnigheren, Fluss der Schwarzen.

Es war der schottische Arzt Mungo Park, der im Jahre 1795 als erster Europäer ins Innere Westafrikas aufbrach, um den geheimnisumwitterten Niger zu erkunden. Von Portsmouth segelte der Vierundzwanzigjährige zur Westküste Afrikas und reiste den Gambia aufwärts, wo er in einer britischen Handelsniederlassung Zwischenstation machte. Er erlernte Mandingo, die Sprache der Einheimischen, ehe er sich Monate später auf den Weg ins Unbekannte machte, begleitet von einem Dolmetscher und einem Diener. Hundertsechzig Kilometer folgte er dem Niger, ehe heftige Regengüsse das Land überschwemmten. Schließlich wurde er überfallen und beraubt. Von Hunger, Durst und Fieber geplagt, legte er eine Strecke von achthundert Kilometern zurück, ehe er im Juni 1797 – mehr tot als lebendig – die Handelsstation Gambia erreichte. Nach zwei Jahren und sieben Monaten kehrte er nach England zurück, wo er seine Expeditionserlebnisse unter dem Titel *Reisen ins Innere von Afrika* veröffentlichte. In diesem Bericht stellte er die Vermutung an, dass der Niger nach vielen Umwegen als Kongo in den Atlantischen Ozean mündet.

Um für diese These ausreichend Beweise zu erbringen, unternahm Mungo Park 1805 eine zweite Reise nach Westafrika – zum Niger, diesmal mit dreißig Soldaten. Doch Wirbelstürme, Überschwemmungen, Hitze und Fieber setzten der Expedition derart zu, dass Park mit nur sechs Begleitern den Flusslauf des Niger erreichte. Im November 1805 schickte der Schotte einen Mandingo-Guide mit einem Bericht über seine Expedition zur Handelsstation Gambia. Darin schrieb er: »Nun überlasse ich mich der Strömung in dem festen Entschluss, die Mündung des Stroms zu entdecken oder bei diesem Unternehmen umzukommen. Wenn ich das Ziel der Reise nicht erreiche, so soll der Niger mein Grab werden ...« Es war die letzte Nachricht von Mungo Park, für den der Niger zum Fluss ohne Wiederkehr wurde. Seine Spur verlor sich hiernach im Schwarzen Kontinent, und er blieb für immer verschollen.

*

Zweihundert Jahre nach den dramatischen Geschehnissen um Mungo Park war es schon eine seltsame Sache, auf derselben Wasserstraße unterwegs zu sein. Die Farbe des Niger wechselte Tag für Tag, mal bleigrau, dann lehmbraun, silbergrell oder mattgrün, und ich dachte an einige Zeilen Mungo Parks, die er während seiner ersten Afrikareise notierte: »Es gibt wirklich nichts Schöneres als den Anblick dieses unermesslichen Flusses, jetzt glatt wie ein Spiegel, dann wieder vom sanften Wind leicht gekräuselt.«

Ganz ähnlich erging es uns, wenn wir unter der grenzenlosen Weite des afrikanischen Himmels die Paddel in den Strom tauchten und an Uferregionen mit Schirmakazien und Doumpalmen vorbeizogen. Unablässig spürten wir dann die mächtige Kraft des Wassers, die unter der Oberfläche schlummerte. Ich fühlte jede Welle, jede noch so kleine Regung des Flusses, die der schlanke Körper unseres Bootes übertrug. Es kam mir vor, als würden meine Nerven nicht mehr an der Hautoberfläche enden, sondern sich durch die hölzernen Querspanten und Leisten bis in die Außenhaut des Kajaks fortsetzen. Und wenn der Strom ganz still dahinzog, erlebte ich Stunden, in denen sich mein Geist aus den Fesseln des Körpers löste. »Treibendes Denken« nenne ich diese Erfahrung. Treibendes Denken über mich selbst, über den Sinn oder Unsinn des Lebens.

Abends, wenn wir im Schutz zerklüfteter Felsen, am Rand einer Baumgruppe oder am Fuß einer Sanddüne um ein Lagerfeuer saßen, sprachen wir davon, dass an den Ufern des Niger zu der Zeit, als für Europa gerade das Mittelalter anbrach, die großen westafrikanischen Reiche Ghana, Mali und Songhai entstanden. Dreizehn Jahrhunderte später stützten sich diese Staatswesen längst auf Armeen, hatten funktionierende Verwaltungen etabliert und trieben regen Handel mit Städten wie Fes und Kairo, während europäische Geographen ihre Unkenntnis des Flusses durch frei erfundene Schilderungen blutrünstiger Fabelwesen ersetzten, die in den Fluten ihr Unwesen treiben sollten.

Mittlerweile zählt Mali zu den ärmsten Ländern der Erde. Immer wieder prägten einfachste Lehmhütten, die wie braune Würfel wirkten, oder zeltartige Behausungen, deren Astgestänge mit Tüchern und Säcken behangen waren, die Uferbilder. Wir sahen Männer in beigegrauen Gewändern, die überschwemmte Ackerflächen mit Hacke und Spaten bearbeiteten; Frauen und Mädchen, die anmutig Wasserkrüge auf dem Kopf balancierten; abgemagerte Ziegenherden oder weiß-braune Buckelrinder mit ausladenden Hörnern, gehütet von halbnackten Kindern mit aufgedunsenen Bäuchen.

Und wenn wir in den Flussdörfern versuchten, Lebensmittel zu kaufen, erhielten wir zumeist nur Reis, Hirse, Zwiebeln, Zucker oder einige Dosen mit Ölsardinen. So sah unsere tägliche Nahrung ähnlich karg aus wie die der Einheimischen, die zuweilen ihre Mahlzeiten durch selbst gefangenen Fisch etwas abwechslungsreicher gestalteten.

Eine Ausnahme war Mopti, die bedeutendste Flusshafenstadt Malis. Das »Venedig Afrikas« wandelt sich in der Hochwassersaison des Niger – zwischen Juni und November – zu drei Inseln, die durch Dämme verbunden sind. In der großen Hafenbucht herrschte beständiger Lärm und hektisches Treiben, und an den Anlegern tummelten sich überladene Pirogen und Pinassen, die tagtäglich unzählige Waren zum Markt brachten. Hier, an seichten Stellen, zwischen meckernden Ziegen und blökenden Schafen, säuberten Männer ihre zerbeulten Autos, wuschen barbusige Mädchen ihre Wäsche, bahnten beladene Eselskarren sich ihren Weg und schleppten Arbeiter Bündel, Ballen, Säcke, Körbe und Kisten von oder an Bord. Und all dies umweht von einer undefinierbaren Melange eigentümlichster Gerüche.

Noch turbulenter ging es auf dem Markt von Mopti zu, wo ein unglaubliches Durcheinander von Geräuschen auf die Ohren einprasselte. Hier tummelten sich Angehörige etlicher Volksstämme: Fulbe, Bambara, Minianka, Senoufo, Songhai und Tuareg – ein westafrikanischer Mikrokosmos. Zahllose Verkaufsstände boten eine beinahe unüberschaubare Vielfalt an Lebensmitteln feil, aber auch allerlei andere Waren wurden rege gehandelt: Hirse und Reis, Mangos und Bananen, Hammelkeulen und Rinderhälften, tönerne Krüge und Kalebassen, Kanister und Kannen, geflochtene Körbe und Bastmatten, bunte Stoffe und Decken, Schwerter und Dolche, Halsketten und Amulette, Nagellack und Parfüm; mumifizierte Krokodile, Schlangen und Affen, die, zu Pulver zerrieben, als Heilmittel dienten. Und immer wieder halbwüchsige Töchter, die unter die Haube gebracht werden sollten: hübsche Gesichter heiratsfähiger Fulbe-Frauen, die mit muschelförmigen goldenen Ohrringen geschmückt und deren kunstvolle Frisuren mit Silbermünzen verziert waren.

Und auch hier die mobilen Garküchen, wo es dampfenden Reis, gesüßte Krapfen, gebackene Bananen, gekochte Eier, heißen Tee und warmes Fladenbrot mit Karitébutter gab – einer öligen Paste aus Karitésamen. Unsere Sinne waren mit all diesen Eindrücken heillos überfordert.

Zwei Tage blieben wir in Mopti, dann verstauten wir die Packsäcke unseres zusammengelegten Faltkajaks auf einer großen Fracht-Piroge, die Säcke voller Reis, Hirse, Obst und Gemüse nach Timbuktu transportierte. Vor uns lagen erneut Hunderte von Kilometern, wobei dieser Flussabschnitt ein 40 000 Quadratkilometer großes Binnendelta bildet, das als Lake Debo bezeichnet wird. Ein Labyrinth aus Sandbänken, Inseln und zahllosen Nebenarmen, die sich in der saharischen Weite verlieren und versickern. Nicht von ungefähr nennt man den Niger in dieser Region »el Bahr« – das Meer. Nur Ortskundigen ist es möglich, sich in diesem Gewirr von Wasserwegen und Untiefen zurechtzufinden, und so vertrauten wir uns dem Pirogen-Kapitän Mohammed Karuf an, der seit zehn Jahren mit seinem Lastensegler zwischen Mopti und Timbuktu hin- und herpendelte. Mohammed war ein hochgewachsener Malinese mit wachsamen Augen und rauen Gesichtszügen; ein hartgesottener und zugleich verschmitzter Kerl mit scharfem Verstand und großem Herzen, der liebte, was er tat. Zu seiner Besatzung zählte sein siebenjähriger Sohn Musa, der Koch Shemla und Steuermann Murat.

Die fünfzehn Meter lange und etwa zwei Meter breite Piroge, mit der wir in nördlicher Richtung stromabwärts fuhren, war ein Abbild jener einbaumähnlichen Holzboote, die schon seit Hunderten von Jahren auf dem Niger verkehrten. Bug und Heck bestanden aus zwei Teilen. Die Zwischenräume, die man in früheren Zeiten mit dem Mehl der Affenbrotbäume abgedichtet hatte, wurden mittlerweile mit feuchtem Sackleinen, Teer und Schmieröl ausgefüllt. Ein großes Rahsegel und Stakstangen sorgten für Antrieb und Manövrierfähigkeit.

Es war ein herrliches Gefühl des Dahingleitens, wenn das große Rahsegel am Mast hochgezogen wurde, sich im Wind entfaltete und die Piroge Fahrt aufnahm. Meine Frage, wann wir in Timbuktu eintreffen würden, konnte Mohammed nicht exakt beantworten – er zuckte nur mit den Schultern und sagte gelassen: »Man wird sehen, wie der Wind weht – und welche Geschäfte wir mit unseren Waren unterwegs machen können. Die genaue Ankunft weiß nur Allah.«

*

Sieben Tage dauerte unsere Reise mit der Piroge. Sieben
Tage, in denen die Landschaft still vorüberzog: weite Ebenen, die in der heißen Luft flimmerten; mächtige Sanddünen, die bis in den Fluss hinein reichten; himmelwei-
tes Land mit spärlicher, dorniger Vegetation. Gelegentlich
ein paar Geier, die auf Felsen saßen, oder einzelne Baobab-
Bäume, deren mächtige Gestalt an die knorrigen alten Eichen Europas erinnerten.

Sieben Tage, in denen sich die Uferstreifen, in deren
Gleichförmigkeit sich unser Vorantreiben verlor, nur im
Wechsel des Lichts veränderten und wir Jahrhunderte
zurück fuhren in ein Land, das von keinerlei Mangel an
Zeit wusste, die sich von Flusskilometer zu Flusskilometer zu verlangsamen schien. Und mit jener sonderbaren
Klarheit, die dem Begreifen vorausgeht, empfand ich all
den Überfluss an Verbrauchsgütern, der unsere zivilisato-
rische Wohlstandswelt so sehr prägt, als ziemlich lächer-
lich. Denn hier, zwischen sandigen Hügeln, ausgedörrten
Sträuchern, bizarren Termitenhügeln und schlichten Dör-
fern, deren Lehmhütten mit Elefantengras gedeckt waren,
ist das Dasein der Menschen einzig und allein auf die Erfüllung elementarer Bedürfnisse ausgerichtet. Und obwohl ihr tägliches Leben reduziert war auf das Wesentliche, weil die Umstände keine Alternativen boten, waren es
aber immer wieder lachende und lebensfrohe Bauern und
Nomaden, die uns bei einem Tee ihre Geschichte erzählten – oder Fischer vom Stamme der Bozo, die mit Netzen
und Angelhaken »Katzen-, Hunde- und Pferdefische« jag-
ten, die sie uns gastfreundlich schenkten.

Sieben Tage, in denen wir auf dem Niger mehr als vierhundert Kilometer durch den Sahelstreifen trieben, einen fünftausend Kilometer langen und etwa dreihundert Kilometer breiten Trockengürtel, der sich zwischen dem 12. und 18. Breitengrad über den nordafrikanischen Kontinent ausdehnt. Ihren Namen erhielt diese Region bereits von frühen arabischen Karawanenreisenden, die, nachdem sie die ozeangleiche Sahara von Norden nach Süden durchwandert hatten, den ersten Pflanzengürtel als *Sahel* bezeichneten, das arabische Wort für Ufer. Seit Jahrzehnten blieb in diesem Gebiet immer wieder der lebensnotwendige Regen aus, sodass große Dürreperioden zu extremen Hungersnöten führten.

Sieben Tage, in denen wir schwefelgelbe Sandstürme, tropische Gewitter und heftige Regengüsse erlebten, unser Schiff auf eine Sandbank lief und wir in den lehmbraunen Fluss steigen mussten, um die Piroge mit vereinten Kräften wieder flottzubekommen, während Flusspferde ihre Nüstern prustend aus dem Wasser steckten und mit weit aufgerissenem Maul gähnten.

Und abends, wenn der Lastensegler am Ufer fest vertäut war, grillten wir über dem Feuer frischen Fisch mit Zwiebeln und Tomaten, plauderten und lachten bis spät in die Nacht. Dazu der strahlende Sternenhimmel, das Gluckern der Flusswellen, das Tanzen der Glühwürmchen, das Sirren der Moskitos und der sanfte Hauch des Windes.

Dann erreichten wir Kabara, den Hafen von Timbuktu, der allerdings eher eine Anlegestelle als ein richtiger Hafen war. Wir wateten an Land und mieteten ein Auto mit Chauffeur, um in holpriger Fahrt zur Oasenstadt zu gelangen, die zwanzig Kilometer entfernt in der Wüste lag. Der Kanal, der fast tausend Jahre lang Timbuktu mit dem Niger verbunden hatte, war ausgetrocknet.

*

Timbuktu! Die »Goldene Karawanenstadt«, einst märchenhafte Oase mit 333 Heiligen; Wissenszentrum der islamischen Welt und bedeutendste Universitätsstätte Afrikas; legendäres Handelszentrum des Kankan Moussa, des
Herrschers des Songhai-Reiches.

Für eine Woche fanden Michael und ich in einem alten
Lehmgebäude Quartier – zwei schlichte Zimmer mit Bett
und Tisch. Das begehbare Flachdach, das über eine Holz-
leiter zu erreichen war, bot einen Rundumblick über die
zahllosen Würfelhäuser, die sich eng aneinanderschmieg-
ten, und ein Labyrinth aus Gassen und Gässchen bildeten. Eine in sich geschlossene Welt aus einer Zeit, in der
das Leben nach anderen, uralten Rhythmen ablief. Damals
lebten hier keine fünfzehntausend Menschen, heute sind
es etwa fünfzigtausend – Araber, Berber, Bambara, Songhai, Malinke, Mossi, Mauren, Fulbe, Tuareg und Bella, die
ehemalige Sklavenkaste.

Ein fünfzehnjähriger Jugendlicher mit intensivem Blick
aus braunen Augen sprach uns während eines Spaziergan-
ges freundlich an und empfahl seine Dienste als Guide. Ismail, gewitzt und gescheit, schien sich gut auszukennen,
also waren wir einverstanden. Und tatsächlich: Sach- und
ortskundig führte er uns durch die Stadt und schirmte uns
auch von den Scharen arbeitsloser, selbst ernannter Fremdenführer ab.

Unsere Wanderungen durch Timbuktu waren ernüchternd: Sandige Wege führten durch ein Gewirr von zwei-
stöckigen Häusern aus gebrannten Lehmziegeln mit getünchten Wänden, flachen Dächern, winzigen Fenstern
und holzgeschnitzten, messingbeschlagenen Türen. Helles

TIMBUKTU: DIE TUAREG, DIE SICH SELBST IMUHAR NENNEN, TRAGEN DEN TAGOULMOUST, EIN METERLANGES TURBAN-TUCH, DAS DER STOLZ EINES JEDEN TARGI IST.

Ocker dominierte. Mittendrin jahrhundertealte Sakral- und Profanbauten, die den Fortbestand des Islam bezeugten. Besonders beeindruckend waren die uralten Minarette, erbaut aus Banco, einem Gemisch aus Kuhmist, Hirsestroh, Wasser und Lehm, aus dem die Spitzen der Konstruktionshölzer waagerecht herausragten. Wir liefen durch ganze Stadtteile aus Lehm, die einst für Bauern, Bürger und Könige errichtet worden waren. Lehm ist der ideale Baustoff für regenarme Zonen, denn er lässt sich einfach verarbeiten, er isoliert, ist feuerfest, taugt als Lärmschutz und gleicht Klimaextreme aus. Eine ursprüngliche, naturnahe Bauweise, die mit der saharischen Landschaft tief verwurzelt ist. Der Zahn der Zeit tat allerdings an Wänden und Dächern vieler Häuser sein zerstörerisches Werk – überall bröckelte der Putz, lautlos und unaufhaltsam. Zerfall und Vergänglichkeit waren allgegenwärtig.

Allgegenwärtig war auch der warme Wüstenwind, der mal schwächer, mal stärker, aber unablässig wehte. Ständig griffen der nimmersatte Wind und der gefräßige Sand nach den Mauern, die sich, so schien es mir, trotzig gegen den Ansturm der Natur stemmten. Und auch die Einwohner von Timbuktu leisteten Tag für Tag tatkräftigen Widerstand mit Schaufeln und Besen. Doch immer wieder sahen wir eingestürzte Mauern oder ganze Ruinenfelder, die vom fließenden Sand zugedeckt wurden.

Die Gassen, Durchgänge und Straßen fanden wir zumeist gähnend leer und begegneten nur gelegentlich einigen Eselskarren oder Autos. Hin und wieder sahen wir auch ein paar Menschen: tiefverschleierte Männer in flatternden Boubous, die wie verschwimmende Silhouetten vorbeihuschten; in grellbunte Gewänder gekleidete Frauen, die in runden Lehmöfen auf offener Straße Fladenbrote buken; ein junges Mädchen, das zerstampfte Hirse in einen zerbeulten Eisentopf schüttete; ein gebeugter Alter, der einer Ziege folgte; Kinder in einem Innenhof, die mit getrockneten Dromedarkötteln Murmeln spielten; Bettler, die mit einer scheppernden Blechdose im Sand hockten; Tuareg, die sich einst »freie Menschen« nannten, aber lange schon nicht mehr frei waren, saßen auf einer Palmmatte im dürftigen Schatten eines Baumes. Wenn einem der Männer das Gesichtstuch unters Kinn rutschte, sahen wir die von Wind und Hitze zerfurchte Haut, die vom Leben eines ganzen Volkes erzählte.

Nur einen Steinwurf weiter dann der Markt von Timbuktu – im krassen Gegensatz zu Mopti kaum belebt und beinahe armselig, aber ebenfalls mit einem merkwürdigen Geruch: eine Mischung aus Minze und Kameldreck, Koriander und gärendem Abfall.

Dann begaben wir uns auf Spurensuche, wohl wissend um das grundsätzliche und beinahe traditionelle Misstrauen der Einwohner. Als Erstes besuchten wir das Haus, in dem 1826 der Engländer Gordon Laing als erster Europäer in Timbuktu gewohnt hatte. Nicht weit davon entfernt dann die Unterkunft des jungen Franzosen René Auguste Caillié, der seinen Schusterberuf aufgab, um der Sehnsucht nach diesem Ort zu folgen. Und noch ein Stückchen weiter die Adresse des deutschen Heinrich Barth. Zwei Jahre bezog der Hamburger Geograph ein einfaches Zimmer und betrieb umfangreiche Forschungsarbeiten, ehe er als Christ entlarvt wurde. Arabische Freunde warnten ihn, sodass ihm die Flucht gelang.

Und schließlich die Bibliothèque Ahmed Baba, benannt nach einem der größten Gelehrten der Stadt. Hier bestaunten wir mittelalterliche Bücher und Manuskripte, die vor langer Zeit mit Kamelkarawanen hierher gelangten und von einer Generation an die nächste weitergegeben wurden – Geschichte, die nach Märchen klingt. Neben Salz, Gold und Sklaven waren Bücher im Mittelalter die wertvollste Handelsware. Zahllose Schreiber siedelten sich damals in Timbuktu an, denn eine Buchabschrift wurde mit bis zu einem halben Kilo Gold bezahlt.

Als wichtigste Symbole der glorreichen Vergangenheit dieser Stadt gelten drei Moscheen: in der Innenstadt die Sidi Yahia, die von ihrer mythischen Ausstrahlungskraft nichts verloren hat, das neunhundert Jahre alte Sankoré-Gotteshaus mit seinem pyramidenförmigen Minarett und die Djingere-ber-Moschee, ein architektonisches Weltwunder aus Banco. Einhundertfünfzig Meter lang und zwanzig Meter breit. Die Einzigartigkeit der ältesten und bedeutendsten Moschee Timbuktus liegt in ihrer schmucklosen Schlichtheit und Strenge. Für eine Besichtigung dieses »heiligen Ortes« zahlten wir einige Hundert Francs. Die dämmrige und kühle Gebetshalle mit ihren mächtigen Holzsäulen überdauerte die Jahrhunderte wie eine geheimnisvolle Höhle. Zur Glanzzeit Timbuktus wurden die Räumlichkeiten, die mit Bastmatten und Teppichen ausgelegt waren, auch von der Universität als Hörsäle genutzt. Dreihundert Jahre lang forschten und lehrten hier Astronomen, Mathematiker und Mediziner und lernten etwa 25 000 Studenten. Zur gleichen Zeit entstand im italienischen Bologna die erste Universität Europas.

Von unserem Guide erfuhren wir, dass die Djingere-ber-Moschee im Auftrag von König Kankan Moussa (1307–1337) errichtet wurde – nach Plänen des andalusischen Architekten Abu Es-Saheli. In jenen Tagen erlebte Timbuktu eine wahre Blütezeit, und arabische Chroniken berichten vom unermesslichen Reichtum des Königs: 1342 soll er, von 60 000 Dienern begleitet, zu einer Pilgerreise nach Mekka aufgebrochen sein, und seine Karawane war mit so viel Gold beladen, dass das Edelmetall sogar für zehn Jahre in Kairo und Alexandria an Wert verlor, nachdem Kankan Moussa die Höflinge in Ägypten großzügig beschenkt hatte.

Angelockt vom sagenhaften Glanz, strömten damals arabische Händler, Handwerker und Architekten in die Stadt, deren Einwohnerzahl auf 100 000 anwuchs. Mehr als dreihundert Jahre galt Malis Handelsmetropole als Wissens- und Kulturzentrum der islamischen Welt. 1593 jedoch kam es zu einer marokkanischen Invasion, von der sich Timbuktu nie mehr erholte. Nachfolgend war das Land von tiefgreifenden Umwälzungen und inneren Unruhen geprägt, und immer seltener zogen Karawanen der Tuareg mit Hirse, Gewürzen oder Salzfracht von Bilma oder Taoudenni hierher, weil Lkw den Warentransport übernahmen.

Trotz all der Konflikte und politischen Uneinigkeiten ist die Moderne in der saharischen Wüstenoase mittlerweile angekommen, ohne jedoch die Stadt in ihren Besitz zu nehmen. Denn das reale Timbuktu hat ein imaginäres Pendant: ein phantastischer, verlockender Ort der Sehnsucht, voller Mythen und Magie, verschwommen zwischen Traum und Wirklichkeit.

Hand aufs Herz: Wer kann sich dem Klang dieses Namens entziehen?

TIMBUKTU: DIE DJINGERE-BER-MOSCHEE GILT ALS
SYMBOL GLORREICHER VERGANGENHEIT.

HELL'S GATE

Mit Giraffen in Kenia wandern

Versuchungen sollte man nachgehen.
Wer weiß, ob sie wiederkommen!
OSCAR WILDE

Die Piste führte in die offene Savanne, die von roten Felswänden begrenzt war. Üppiger Baumbestand krallte sich
an die hohen Klippen. Wirbelnde Staubteufel tanzten über
die Weite. Wir fuhren durch eine ausgedehnte Schlucht
mit hügeligem Grasland. Ich hatte die Scheiben des Ge-
ländewagens heruntergekurbelt und schaute durchs Fern-
glas über eine eindrucksvolle Landschaftsbühne, die mich
an Szenerien aus dem Film *Jenseits von Afrika* erinnerten. »Dort drüben«, sagte meine Frau plötzlich und zeigte
mit ihrer Rechten auf eine weite, verdorrte Grasfläche, gesäumt von Akazien, wo eine Herde von etwa zwanzig Zebras dahinwanderte. Wortlos brachte meine Frau den Wagen hinter einigen Dornenbäumen zum Stehen. Ich griff
zu meiner Fotokamera und geräuschlos stiegen wir aus,
pirschten uns mit bedachten Schritten an die Zebras heran,
die in kleinen Gruppen zusammen standen.

Auf weniger als dreißig Meter konnten wir uns den Tieren nähern, und ich fotografierte die kraftvollen Zebras
und ihre geschmeidige Bewegung, während meine Frau

von der Schönheit der gestreiften Tiere hingerissen war. Wie ein Plädoyer erschienen mir ihre Worte: »Das hier ist alles so schön – und mit Geld nicht aufzuwiegen!«

Vor drei Tagen waren wir mit dem Geländewagen in Nairobi aufgebrochen und in den Nordwesten Kenias gefahren. Unser Ziel war der Hell's Gate Nationalpark – eine Region, die vor Millionen von Jahren durch gewaltige vulkanische Kräfte entstanden war. Das Hell's Gate Natur- und Tierreservat erstreckt sich im Rift Valley, dem Großen Afrikanischen Grabenbruch, und liegt südlich vom Naivashasee auf einer Höhe von 1500 Metern. Mit achtundsechzig Quadratkilometern ist Hell's Gate der kleinste Nationalpark Kenias, der aber faszinierende Landschaften bietet. Vor allem die Hell's Gate- und die Njorowa-Schlucht sind eindrucksvolle Naturkulissen, die zum UNESCO-Weltnaturerbe zählen.

Der Name »Hell's Gate«, zu Deutsch: Höllentor, geht zurück auf Dr. Gustav Fischer (1848–1886) und Joseph Thomson (1858–1895). Ersterer ein deutscher Militärarzt und Afrikaforscher, der von der Hamburger Geographischen Gesellschaft unterstützt wurde; Letzterer ein schottischer Geologe und Entdecker, nach dem die Thomson-Gazelle benannt ist. Auf getrennten Expeditionen erkundeten sie auch das Gebiet rund um den Naivashasee und stießen dabei in den Felsklippen des heutigen Nationalparks auf die Njorowa-Schlucht: ein grandioser Canyon, der von bizarren Basaltfelsen geprägt ist und in dem heiße Quellen sprudeln. Die schmale Öffnung, durch die man in den tiefen Schlund gelangt, wird seit jenen Tagen Höllentor genannt.

Hell's Gate ist für mich ein ganz besonderer Sehnsuchtsort, der mir unzählige Bilder längst vergangener Schöpfungstage offenbarte – Bilder von landschaftlicher Schönheit, die einen begreifen lassen, was die Natur vollbringt, wenn der Mensch nicht Hand anlegt, um die Welt umzugestalten.

Natürlich gibt es in Ostafrika viel größere Nationalparks mit viel mehr Tierbestand – Serengeti, Ngorongoro, Amboseli, Tsavo –, aber für mich ist das Hell's Gate Naturreservat in jeder Hinsicht besonders. Ich empfinde eine Liebe zu dieser faszinierenden Landschaft, die mit Worten kaum zu beschreiben ist. Wenn ich aber einen Erklärungsversuch wagen soll, würde ich vor allem die Urlandschaften hervorheben. Es ist ein Naturrefugium, das seit Jahrmillionen fast unversehrt ist – so archaisch, so gebieterisch, so schön. Dass diese Region 1984, also vergleichsweise spät, zum Schutzgebiet ernannt wurde, ist der in Deutschland geborenen Naturforscherin Joy Adamson (1910–1980) zu verdanken, die vielen durch ihre Forschungsarbeit mit der Löwin Elsa ein Begriff ist.

Im Gegensatz zu anderen Nationalparks Afrikas bietet das Hell's Gate Refugium die Möglichkeit, zu Fuß oder mit einem Mountainbike unterwegs zu sein. Nur selten sieht man hier gefährliche Raubtiere, dafür aber umso mehr Zebras, Giraffen, Antilopen, Gazellen, Affen, Büffel und Warzenschweine sowie mehr als einhundert Vogelarten. Überdies zählt Hell's Gate zu jenen Regionen Ostafrikas, in denen die Menschheit den größten Teil ihrer Entwicklungsgeschichte erlebte. Hier, zwischen Tansania und dem Norden Kenias, entlang des Afrikanischen Grabenbruchs, soll die Wiege der Menschheit gestanden haben. Und hier entwickelte sich der Frühmensch (*Homo habilis* und *Homo erectus*), ehe er die steilen Hänge des Great Rift Valleys überwand und sich aufmachte, den Planeten zu erobern. Eine Art »Über-Raubtier«, das im Laufe der Zeit aufrecht zu gehen lernte, Feuer machte, Werkzeug aus Stein, Knochen und Holz benutzte, in Gruppen jagte, seine Beute teilte und sich zum *Homo sapiens* weiterentwickelte.

*

Ernest Hemingway war es, der schon früh meine Neugier auf den Schwarzen Kontinent weckte. Sein Buch *Die grünen Hügel Afrikas* erfüllte mich mit Begeisterung und entführte mich in eine andere Welt. Ich habe es immer wieder gelesen, und auch *Schnee auf dem Kilimandscharo* hat mich tief bewegt. Jene Geschichte vom sterbenden weißen Jäger Harry, der am Fuße des schneebedeckten Kilimandscharo sein abenteuerreiches Leben Revue passieren lässt.

Schon die ersten Sätze dieser Kurzgeschichte fesselten mich mit einer ungeheuren Intensität, zischten wie Sternschnuppen in mich hinein und wurden zum Auslöser vielfältigster lebensverändernder Überlegungen: »Der Kilimandscharo ist ein schneebedeckter Berg von sechstausend Metern Höhe und gilt als der höchste Afrikas. Der westliche Gipfel heißt bei den Massai ›Ngàja Ngái‹, das Haus Gottes. Dicht unter dem westlichen Gipfel liegt das ausgedörrte und gefrorene Gerippe eines Leoparden. Niemand weiß, was der Leopard in jener Höhe suchte.«

Als ich diese Textpassage zum ersten Mal las, habe ich sofort begriffen, was ein Buch wirklich ist und was es bewirken kann. Damals, Ende der sechziger Jahre, war ich gerade sechzehn Jahre alt und hatte den vorgestanzten Formen und dem starren Korsett kleinbürgerlicher Weltanschauung zu entsprechen; dann stürmte diese Erzählung vehement in mich hinein, und das Bild eines Leoparden im Schnee wurde zu einer Metapher für die

Suche nach dem Sinn des Lebens. Mit diesem Bild im Kopf war ich Jahre später immer wieder in Afrika unterwegs, um jene Sehnsüchte zu stillen, die Hemingway in mir wachgerufen hatte. Sehnsüchte, die mich antrieben, eigene Freiräume zu entdecken, um selbst entscheiden zu können, welche Art von Leben ich führen wollte.

Damals war Afrika für mich ein Kontinent voller Geheimnisse, eine nie versiegende Quelle phantastischer Geschichten von fremdartigen Menschen, rätselhaften Kulturen, sagenumwobenen Landschaften und versunkenen Städten. So kam es, dass ich ein Afrikanistik-Studium begann, denn kein anderer Erdteil zog mich mehr in Bann. Und keiner hatte ähnliche Wunder zu bieten.

Noch heute ist Afrika eine vielschichtig-komplexe Welt faszinierender Extreme. Extrem sind das Klima, die Tiere, die Natur und die Menschen, aber auch die diversen dramatischen Nachrichten vom Schwarzen Kontinent. Und dennoch hat sich die Bilderbuchromantik vergangener Tage in etlichen Regionen erhalten. Auch im 21. Jahrhundert ist Afrika vielerorts geblieben, was es zu Hemingways Zeiten war: ein exotischer Kosmos mit einem allgegenwärtigen Hauch von Abenteuer. Eine Welt zwischen uralten Traditionen und einer höchst ungewissen Moderne, in der Menschen, Tiere und Landschaften faszinieren und verzaubern, aber auch in Schrecken versetzen: gefährlich, dämonisch, unberechenbar.

Vor allem Kenias Hell's Gate Nationalpark ist mir ans Herz gewachsen als ein Ort, der viele meiner Sehnsüchte erfüllte und an dem jeder Tag neue Erlebnisse und Erfahrungen brachte.

Schon am frühen Morgen, wenn wir aus dem Zelt traten, den Schlaf noch in den Gliedern, boten sich uns phantastische Bilder. Der fahlblaue Nachthimmel verflüchtigte sich und hinter den schwarzen Silhouetten der Schirmakazien flammte ein gelbroter Streifen ersten Sonnenlichts auf. Ringsum nahm die Welt Konturen an. Die Vegetation erstrahlte in vielfältigem Grün. Kantige Felswände, überzogen von mineralischen Steinschichten, leuchteten rot, während sich die Luft mit unbestimmbaren Geräuschen füllte und in die ostafrikanische Urlandschaft Bewegung kam. Wir sahen farbenprächtige Vögel und hörten Gezwitscher, sahen Paviane, die in den Baumkronen kreischend von Ast zu Ast sprangen, und die Silhouetten von Antilopen, die im ersten Licht der Frühe durch das Gräsermeer zogen.

Nach dem Frühstück spazierten wir zum Fischer's Tower, einem erkalteten Vulkankegel, dessen Gesteinswände im Laufe der Zeit durch die Erosion abgetragen wurden. Bei der Umrundung dieser fünfundzwanzig Meter hohen Felsnadel, die ein Wahrzeichen des Hell's Gate Parks ist, begleitete uns ein Trupp possierlicher Klippschliefer, die den Murmeltieren ähneln, deren nächste Verwandte aber die Elefanten sind.

Schließlich stiegen wir in die Njorowa-Schlucht hinab. Senkrecht aufragende Basaltwände, von Wasser und Wind geschliffen, erstreckten sich über mehrere Kilometer in schmale, verwinkelte Abzweigungen. Die steilen Felswände, deren Farbtöne von graubraun über ockergelb bis cremeweiß reichten, standen manchmal so eng zusammen, dass wir hoch oben nur einen schmalen Streifen Himmel sahen. Diese Felsenwelt, die den Betrachter mit Ehrfurcht und Furcht zugleich erfüllt, erkundeten wir mit festen Wanderschuhen, um über bizarre Felsverwerfungen klettern oder über schlüpfriges Gestein steigen zu können. Ein architektonisches Naturreich offenbarte sich uns, und wir sahen Beeindruckendes zuhauf: tief eingegrabene Rinnen, feinziselierte Adern, skurrile Blöcke, geschwungene Buckel, ineinandergreifende Zacken, schroffe Höcker, hochragende Felsnasen, winkelige Gesteinsgänge und heiße Quellen, die durch eingekeilte Öffnungen von den Hängen herunterflossen. Mittendrin ausgedörrte Pflanzen oder wucherndes Immergrün.

Nicht weit entfernt lag das Olkaria-Thermalkraftwerk, das erste geothermische Elektrizitätswerk Afrikas. Es wird gespeist von unterirdischen Quellen, die mit Temperaturen von bis zu 304 Grad Celsius zu den heißesten der Welt zählen.

*

Wenn die Sonne im Zenit stand, war die Welt nur noch blendendes Licht und flirrend heiße Luft. Alles gleißte, und die Augen hatten Schwierigkeiten, sich auf die grelle Helligkeit einzustellen. Wir ruhten dann im Schatten einer Akazie, und auch die Tiere verkrochen sich, um sich vor der Sonne zu schützen. Afrika lag dösend da. Das waren Stunden, in denen wir uns einen Kaffee oder Tee zubereiteten und etwas Obst, Brot oder Ziegenkäse aßen. Wir führten schwerelose Gespräche über Gott und die Welt oder überließen uns dem schrillen Zirpen der Zikaden, das manchmal einschläfernd wirkte. Wie Wellen waberten die vielfältigen Stimmen von Millionen Insekten durch die Luft, hielten ganz unvermittelt inne, um Minuten später wieder einzusetzen.

Am Nachmittag wanderten meine Frau und ich durch Busch und Savanne. Zwischen kniehohen Gräsern, die saftig grün waren oder die Farbe von reifem Weizen hatten, konnten wir eine Vielzahl von Tieren beobachten: Giraffen, Zebras, Elenantilopen, Thomson-Gazellen oder Klippspringer. Wir waren fasziniert von ihren verschiedenen Gangarten, ihren kraftvollen und zugleich geschmeidigen oder grazilen und leichtfüßigen, immer aber anmutigen Bewegungen, mit denen sie ihren natürlichen Lebensraum durchmaßen. Rita war geradezu verliebt in die Farben der Tiere, wobei mich besonders die Netzgiraffen begeisterten. Bis auf zwanzig Meter pirschten wir uns an sie heran und konnten Kilometer für Kilometer mit ihnen dahinwandern, wenn sie von Baum zu Baum zogen, um die Blätter der hohen Schirmakazien zu fressen. Nur hin und wieder neigten sie ihre Hälse seitwärts und musterten uns mit einem seltsamen Blick, ehe sie in ihrer steifen und doch erhabenen Gangart weiterschritten.

Was für herrliche Geschöpfe diese Giraffen doch sind: ein endloses Rückgrat und ein unverwechselbarer Kopf, den ein erwachsenes Tier in mehr als fünfeinhalb Metern Höhe und etwa zwei Meter über dem Herzen trägt; die ausgezeichneten Augen, die einen Rudelgefährten auf einen Kilometer Distanz erkennen können; ihr gravitätischer Trab, dies einzigartige Galoppieren und ihr stolzes Schreiten im eleganten Passgang, das einer Zeitlupenstudie gleicht. All dies sind faszinierende Wesensmerkmale einer außergewöhnlichen Tiergattung, die schon in vorgeschichtlicher Zeit in ganz Afrika heimisch war. Das Erleben dieser wunderschönen Riesentiere in Freiheit war manchmal wie eine traumhafte Halluzination, sodass ich den Giraffen immer wieder folgte, Tag für Tag aufs Neue mit der Kamera in der Hand. Eine aufregende Fotowanderung unter freiem Himmel, ohne das Drama des Tötens.

KENIA: IM HELL'S GATE NATIONALPARK BEOBACHTETEN WIR GIRAFFENHERDEN UND WANDERTEN MIT IHNEN KILOMETER FÜR KILOMETER.

Immer wieder waren es aufregende Wanderungen, wenn wir uns in ruhigem und stetigem Rhythmus durch das kniehohe Gras bewegten und auf eine paradiesisch friedfertige Tierwelt trafen, die offenbar keine Gefahr darin sah, dass Menschen durch ihr Revier streiften. Wie im Traum zogen wir, manchen Tieren gleich, in entspanntem, sanftem Trott dahin. Wir genossen diese wunderbare Zeit und waren uns einig: Diese Savanne war wie geschaffen zum Wandern, so wie einst auch die ersten aufrecht gehenden Hominiden zum Wandern in der Savanne geschaffen waren. Diese intensive Erfahrung ließ mich erkennen und verstehen, dass das stetige Vorwärtsschreiten seit Urzeiten als natürliche Fortbewegungsart in uns angelegt ist. Der moderne Mensch in der technisierten Zivilisation hat inzwischen allerdings weitgehend verlernt, sich als Teil einer archaischen Natur zu sehen, und erst recht verlernt, mit wild lebenden Tieren in Kontakt zu treten.

Eine Menge Fragen zu diesem Gedankenkomplex schwirrten mir nach einem aufregenden und anstrengenden Fünfzehn-Stunden-Tag im Hell's Gate Park durch den Kopf: Wie sähe unsere Erde wohl aus, wenn jeder junge Mensch einmal im Leben eine Wandersafari durch ein Tier- und Naturreservat unternehmen würde? Könnte sich unsere Welt zum Positiven verändern, wenn die Menschheit ihren Planeten als ein riesiges Naturschutzgebiet begreifen würde? Würde der Mensch fortan ein sehr viel intensiveres Verständnis von seinem Platz in dieser Welt bekommen? Ist die Basis des Lebens auf unserem Planeten nicht die gleichberechtigte Existenz aller Daseinsformen? Und ist es nicht dieses geheimnisvolle Miteinander, das wir als Grundlage unserer eigenen Existenz unbedingt beschützen und bewahren müssen?

*

Anderntags fuhren wir im Geländewagen auf dem Buffalo-Circuit, einem etwa siebzehn Kilometer langen Rundweg, der durch dichtes Unterholz führte. Entlang an hohen Gräsern, Zwergsträuchern und Dornengestrüpp ging es unter dichten Blätterdächern hindurch und vorbei an umgestürzten Baumleichen, die von zahllosen Käfern besiedelt waren.

Auf einem Hügel angekommen, ließen wir die Augen über eine Landschaft schweifen, die so unverkennbar afrikanisch wirkte wie kaum eine andere. Bis zur Aberdare Range reichte der Blick, deren Gipfel zwischen zwei- und fast viertausend Meter aufragen. Klar und unverstellt lag die Natur vor uns. Und über dieser offenen Szenerie der schier unglaubliche Himmel Afrikas. Wohl nirgendwo sonst gibt es einen so weiten Himmel, der wie ein azurblauer Schirm über uns hing.

All das erfüllte mich in jenen Augenblicken mit einer unglaublichen Intensität – und ich empfand angesichts dieses urwüchsigen Panoramas einen Zustand des bloßen Da-Seins.

Einige Kilometer weiter machte der Buffalo-Circuit seinem Namen alle Ehre: Fast zu spät bemerkten wir vor uns – mitten auf der Piste – eine Herde ruhender Büffel. Sofort stoppte meine Frau den Wagen.

»Und nun?«, fragte Rita.

»Wir warten ab, verhalten uns ganz ruhig. Auf keinen Fall fahren wir weiter«, sagte ich und schaute zu den massigen Kaffernbüffeln, die nur dreißig Meter entfernt im Staub lagen. Mächtige Muskelpakete mit noch mächtigerem Gehörn. Respekteinflößende und mitunter auch bedrohliche Kolosse. Ich zählte sieben oder acht Tiere, und nicht alle gönnten sich ein Nickerchen. Zwei Büffel waren hellwach, schützten die dösenden Artgenossen vor Überraschungen.

Einer der beiden Wächter stutzte plötzlich, hob witternd seinen Kopf und starrte misstrauisch in unsere Richtung. Meine Phantasie trieb sofort wilde Blüten, weil ich wusste: Wenn diese unberechenbaren Tiere in Wut geraten und mit der Wucht von knapp einer Tonne angriffslustig voranstürmen, werden die Hornspieße der herandonnernden Huftiere zur tödlichen Waffe. Kenianer hatten mir von dramatischen Erlebnissen mit zornigen Büffeln erzählt, die bei einem Frontalzusammenstoß keinen Stein auf dem anderen ließen. Ich wusste, dass man diesen mächtigen Rindern, die von den Einheimischen als gefährlichstes Wildtier eingestuft werden, niemals zu nahe kommen durfte. Ihre Unberechenbarkeit verlangte höchste Vorsicht. Wir erlebten Minuten, die sich zur Ewigkeit dehnten, ehe der Bulle seinen Kopf wieder senkte. Er schien zu wissen, wer Herr der Lage war.

Ganz behutsam startete meine Frau den Geländewagen, legte den Rückwärtsgang ein und Meter für Meter entfernten wir uns von den ruhenden Büffeln.

*

Abends wehte zumeist eine leichte Brise, sodass wir von Moskitos verschont blieben, während wir das Farbenspiel am westlichen Abendhimmel genossen – beginnend bei Gelbrot färbte es sich bald darauf in ein strahlendes Rotviolett. Vor den dunkelblauen Hügeln des Hell's-Gate-Parks zeichneten sich die wunderschönen Silhouetten der

Schirmakazien im Gegenlicht ab, bevor die roten Farbstreifen schließlich von der Dunkelheit verschluckt wurden. Kleine Rauchfahnen unseres Lagerfeuers verwehten im sanften Wind, während sich stockfinstere Nacht über das Land legte, und für wenige Minuten herrschte tiefer Frieden, bis die Stimmen der Wildnis erwachten: kreischende Affen, das Zirpen der Zikaden, Rufe einzelner Vögel, das Quaken der Frösche. Und dazu allerlei undefinierbare Laute, die wir nicht zuordnen konnten: ein Fauchen oder Stöhnen, ein Zischen, Knacken oder Rascheln. Sofort vermutet man gefährliche Tiere, die im Busch um das Lager streifen, und hält den Atem an. Nervös starrt man ins Dunkel, aber der Blick verliert sich in der Finsternis; man schaudert und erlebt Adrenalinstöße – aber nichts passiert.

*

Nach dem Abendessen saßen wir am offenen Feuer und starrten in die Funken und Flammen, die hin und her flogen. Unsere Blicke versanken in den glühenden Holzscheiten. Und wie von selbst verloren sich die Gedanken in der Wildnis und ihren vorzeitlichen Ursprüngen. Das waren Augenblicke, in denen man Sinn und Glück gewann.

Später saß ich im Schein der Petroleumlampe vor dem Zelt und hielt meine Eindrücke und Gedanken im Tagebuch fest: In der Spannung und Anspannung gegenüber der sich frei bewegenden Tierwelt empfanden wir das unmittelbare Erleben als Faszinosum. Hier, wo es keinerlei Ablenkungen gab, fanden wir innere Ruhe und spürten Harmonie. Wir fühlten uns angenommen von all den Dingen, die um uns herum waren. Und aus den konzentrierten Wahrnehmungen einer scheinbar noch intakten Tier-

und Naturwelt gewannen wir das Maß für den eigenen bewussten Lebensrhythmus.

Derartige Erfahrungen färben auf das Leben ab und bereichern es immens.

Als wir anderntags vom Hell's Gate Park Abschied nahmen und uns auf den Rückweg nach Nairobi machten, sprachen wir über den Wunsch nach Wiederkehr – und hatten die Sehnsucht schon wieder im Gepäck.

DIE ERSCHEINUNGSFORMEN DER SEHNSUCHT

Von der Vielfalt eines ungestillten Gefühls

Unser Wille ist nur der Wind,
der uns drängt und dreht;
weil wir selber die Sehnsucht sind …

RAINER MARIA RILKE

Sehnsüchte sind so verschieden wie die Menschen selbst, und so vielfältig wie die Sterne am Himmel.

Es gibt die Sehnsucht nach Substanziellem wie Frieden und Freiheit, Stille und Freundschaft, Treue und Geborgenheit, Liebe und Zärtlichkeit, Gott und Gesundheit. Es gibt die Sehnsucht nach Existenziellem wie einer warmen Mahlzeit und einem Dach über dem Kopf.

Unser Sehnen, das uns immer wieder daran erinnert, unsere ganz persönlichen Träume zu verwirklichen, kann sich auf alles Mögliche fokussieren, wobei es immer auch von unseren Lebensumständen beeinflusst ist. Die verschiedenen Erscheinungsformen, die Intensität und Bestimmtheit unserer Sehnsüchte werden von Kindesbeinen an geprägt – durch unsere persönliche Biographie, unser soziales Umfeld und unseren individuellen Lebensentwurf. Auch Bildung, politische und kulturgeschichtliche Entwicklungen sowie soziale Beziehungen formen als signifikante Kriterien maßgeblich unsere Sehnsüchte und Begehrlichkeiten: Wer um seine tägliche Existenz ringen muss, ersehnt anderes als jemand, der frei von Nöten und Sorgen ist.

*

Der jeweiligen Erfüllung einer Sehnsucht geht die Vorfreude voraus. Wer kennt nicht das Gespanntsein auf ein beglückendes Ereignis, die Ungeduld und freudige Erwartung, die der Erfüllung entgegenfiebert? Manchmal wirkt diese hoffnungsvolle Spannung noch euphorisierender als das Ereignis selbst – beinhaltet die Vorfreude doch alle Variationen unserer übermütigen Wunschvorstellungen. »Alles ist möglich«, sagt uns der Hoffnungsanker Vorfreude und löst einen wunderbaren Schub an Vitalität und Glücksgefühl aus. In diesem verheißungsvollen Wunschdenken liegt eine enorme positive Energie, die uns beflügelt und glauben lässt, dass sich unsere innersten Bedürfnisse und Wünsche erfüllen, verbunden mit einer großen Portion Gelassenheit, die uns hoffen lässt: »Das wird schon!« Gibt es ein anderes Gefühl, das uns so sehr packt und zur Verwirklichung unserer Sehnsüchte und Lebensträume drängt?

*

Der Wunsch nach Sehnsuchtserfüllung ist auch unmittelbar mit unserer Willensstärke verbunden und setzt die ausschlaggebenden Denkprozesse in Gang: Habe ich die Energie, meine Wunschträume zu realisieren? Würde die Erfüllung eines bestimmten Traums mich wirklich glücklich machen? Ist meine Sehnsucht groß genug, um ihre Verwirklichung tatsächlich anzugehen? Sind es wirklich meine Sehnsüchte oder eher die von anderen, vielleicht unerfüllt gebliebene Wunschträume der Eltern?

Solche Fragestellungen sind von wesentlicher Bedeutung und geben Auskunft über die eigene Person, Zielvorstellungen und die Hierarchie der Wunschträume.

Überdies sind unsere Sehnsüchte an die unterschiedlichen Lebensphasen gebunden. In der Jugend zunächst himmelstürmend, fast unbegrenzt und nach allen Richtungen offen, relativieren sie sich später angesichts der Realitäten von beruflichem Erfolg und Partnerbeziehungen respektive Familie; im Alter fokussieren sie sich vor allem auf Gesundheit und ein sorgloses Leben. Insofern spiegeln unsere Sehnsüchte auch erkennbare Erfahrungs- und Reifungsprozesse wider, die sich aber immer aus der eigenen Biographie entwickeln, egal in welchem Lebensabschnitt man sich befindet.

Nicht unerwähnt sollen auch jene allgemein menschlichen Sehnsüchte bleiben, deren Erfüllung sich wohl jeder wünscht: gesund zu bleiben, geliebt zu werden, ein unbeschwertes Leben zu führen und keine Schicksalsschläge zu erleben. Erfüllen sich diese Wünsche nicht, kann unser Leben aus dem Kurs geraten. Alternative Sehnsüchte, die man bislang kaum wahrgenommen hat, können hierbei ein wichtiges und hilfreiches Mittel sein, Resignation zu verhindern oder zu verdrängen. Es gilt dabei, die weniger wichtigen Wünsche auszusortieren und sich auf das Wesentliche zu konzentrieren, um das seelische und körperliche Wohlbefinden wieder in die Balance zu bekommen. Lebenspartner, Familie und Freunde können dabei Halt und Struktur geben, sind zuweilen ebenso wichtig wie das offene und ehrliche Herangehen an die essenzielle Frage: Was ist wirklich wichtig? Dabei stellt man vielleicht fest, dass der eine oder andere Traum vollkommen absurd ist, und die Vernunft rät davon ab. Doch die Sehnsucht widerspricht, und das ist auch gut so: Ohne Visionen oder Wunschvorstellungen bleibt alles ziellos.

*

Derartige Reflexionen über die eigenen Sehnsüchte können nicht nur die Kreativität beflügeln oder aufmuntern, sondern sie können auch Klarheit schaffen, um aus persönlichen Unsicherheiten, herben Enttäuschungen oder scheinbar unveränderbaren Realitäten geeignete Auswege zu finden.

Um aber neue Pfade beschreiten zu können, die zunächst vielleicht steinig und mühsam erscheinen, ist Mut unabdingbar, der unseren Sehnsüchten neuen Raum gibt. Denn entscheidend ist: Solange wir Suchende bleiben und die kindliche Entdeckerfreude nicht verlieren, kann sich das eigene Sehnen erfüllen. Letztlich sind doch all unsere Sehnsüchte und Wünsche nur auf das Ziel ausgerichtet, unserem Leben einen Sinn zu geben.

FLORENZ

Links und rechts des Arno

Wer mit offenen Augen in ein fremdes,
bis dahin nur aus Büchern und Bildern gekanntes,
aber seit Jahren geliebtes Land kommt,
dem wird jeder Tag unerwartete Schätze und Freuden geben,
und fast immer behält in der Erinnerung
dieses naiv und improvisierte Erlebte die Oberhand
über das planmäßig Vorbereitete.

HERMANN HESSE

»Ich bin den ganzen Tag in Florenz herumgeschlendert, mit offenen Augen und träumendem Herzen. Sie wissen, das ist meine größte Wonne in dieser Stadt, die mit Recht den Namen la bella verdient. Wenn Italien, wie die Dichter singen, mit einer schönen Frau vergleichbar ist, so ist Florenz der Blumenstrauß an ihrem Herzen.« Diese Zeilen Heinrich Heines (1797–1856) hatte ich in meinem Tagebuch notiert, als mein Sohn Aaron und ich zu einer Wanderung von München nach Florenz aufbrachen. Und dieses schöne Sprachbild hatte mich auf unserem 1500 Kilometer langen Weg im Kopf begleitet, war Ansporn und Verheißung zugleich.

Fünfundsiebzig Tage waren wir unterwegs, um Heines viermonatige Italienreise nachzuerleben. Für mich, zu der Zeit Mitte fünfzig, war diese Wanderung vor allem eine

Auseinandersetzung mit dem Faktor Zeit, deren Wahrnehmung mir im zunehmenden Alter zu entschwinden drohte, während mein Sohn keinerlei Probleme mit dem Verrinnen der Stunden und Minuten hatte. Mit achtzehn Jahren, das Abitur gerade in der Tasche, war sein Zeitempfinden wie eine ozeangleiche Unendlichkeit, als er sich zu dieser abenteuerlichen Auszeit mit mir entschloss, um all den Lernstress und die Erwartungszwänge abzustreifen.

Darüber hinaus war unsere Wanderung eine literarische Spurensuche, denn seit vielen Jahren waren mir Heinrich Heines Gedichte, Prosatexte und Briefe ans Herz gewachsen. So folgten wir, mit einer Taschenbuchausgabe von Heines italienischen *Reisebildern* im Rucksack, einer alten Route, die der deutsche Freigeist und Spötter vor knapp zweihundert Jahren mit der Postkutsche nahm. Wir dagegen waren zu Fuß unterwegs auf einer Reise, die uns nicht nur zu grandiosen Naturkulissen, geschichtsträchtigen Orten und traumhaften Küsten führte, sondern auch die großartige Erkenntnis vermittelte, das nichts wichtiger ist als das gemeinsame Erleben.

Von München führte unser Weg über die Alpen via Innsbruck, Bozen, Trient, Verona, Mailand und Genua nach Lucca, ehe wir dem Flusslauf des Arno folgten und über weite Hügel mit Wellen aus tiefgrünen Zypressen nach Florenz kamen, dieser märchenhaften Stadt zwischen den Hemisphären von Wirklichkeit und Phantasie. Auch für Heine war Florenz ein Sehnsuchtsort, als er schrieb: »… ich betrete endlich den Boden, wo Dante, Machiavelli, Leonardo da Vinci, Michelangelo, Boccaccio gewandelt sind«.

Mittlerweile bin ich viele Male in Florenz gewesen. Eine relativ überschaubare Stadt mit kaum vierhundert-

tausend Einwohnern, die vor Genie und Phantasie über-
quillt. Architekten, Bildhauer und Maler machten die
Stadt zum Zentrum der Renaissance; sie war ideenreicher
Mittelpunkt des Abendlandes, Wiege des Humanismus
und machtvoller Stadtstaat zur Zeit der Medici-Familie,
die Florenz über drei Jahrhunderte prägte. Heute gilt die
Hauptstadt der Toskana vor allem als kunsthistorisches
Freilichtmuseum mit mächtigen Bauwerken voller Anmut
und Eleganz. Paläste und Kirchen erfüllten mich hier mit
Ehrfurcht, sodass ich das Fotografieren mancher baulicher
Kuriositäten als Sakrileg an heiliger Stätte empfand.

Florenz, die Blühende, ist purer Überschwang an Schönheit, eine in Stein gehauene Geschichtskulisse, die sich in
ihrer Entwicklung immer treu blieb und immer wieder
neu erfindet. Gleichwohl ist die toskanische Hauptstadt
weder bescheiden noch genügsam: Sie ist ausdrucksvoll
und intensiv, lebendig und sinnlich, sich selbst genug; zugleich drängt sie sich auf und nimmt jeden Besucher in Besitz. Diese Stadt, die schon immer Großes hervorgebracht
hat, ist ein heiliger Quell der Kunst, die jeden Besucher
trunken macht und durch Gassen und Straßen treibt, hin
zu den Kirchen, Palästen, Museen und Ausstellungen, die
es in Hülle und Fülle gibt. Florenz ist allerdings zwischen
Mai und September unglaublich laut und voll. Während
dieser Monate wird die Kunstmetropole der Toskana all-
jährlich von vier Millionen Touristen überschwemmt; sie
besetzen Raum und Sinne, ernähren aber so die Florentiner und zwingen sie gleichsam in ein selbst gewähltes Exil.

Überall, wo es etwas zu sehen und zu bestaunen gibt,
herrscht Gedränge. Menschenschlangen vor den Uffizien,
vor dem Dom Santa Maria del Fiore und auf der maleri-
schen Brücke Ponte Veccio. Heerscharen von Gruppen-

reisenden auf der Piazza della Repubblica und der Piazza della Signoria mit dem Palazzo Vecchio und seinem vierundneunzig Meter hohen Turm. Überlaufene Restaurants, Cafés, Bars und Shopping-Meilen mit den Mode-Palazzi aller namhaften Haute-Couture-Designer. Und überall muss es schnell gehen – im Lokal, im Auto, auf der Vespa und auch zu Fuß. Besonders im Sommer gilt Müßiggang als aller Laster Anfang.

Doch wer in Florenz von einem Kunsttempel zum nächsten unterwegs ist, vermag sich irgendwann vielleicht auch jene Zeit des 15. und 16. Jahrhunderts vorzustellen, als die Gassen von Menschen in italienischer Renaissancemode bevölkert waren. Dann entstehen vor dem geistigen Auge Bilder von Männern, die über einer grünen oder braunen Strumpfhose mit Schamkapsel und einer engen Ärmelweste eine bunte Schaube tragen, einen weiten Überrock mit großem Stehkragen, während die Frauen sich in farbenfrohen und prächtig verzierten Kleidern mit geschlitzten Ärmeln zeigen, auf dem Kopf seltsame Hüte und an den Füßen spitze Schuhe.

*

Seit Jahrhunderten ist die Magie und Pracht von Florenz ungebrochen. Nirgendwo sonst reiht sich eine derart große Anzahl architektonischer und kunsthistorischer Sehenswürdigkeiten so dicht aneinander. Allein der Duomo Santa Maria del Fiore, der sich im Zentrum der Stadt auf der Piazza del Duomo befindet, überragt Straßen und Gassen mit seiner einzigartigen Monumentalität. Wie ein riesiger Fesselballon schwebt die Domkuppel aus Terrakottaziegeln über der Symmetrie des Altstadthäusermeers.

Ein Eindruck, der sich mir von der Spitze des Campanile, des fünfundachtzig Meter hohen Glockenturms, vermittelte, nachdem ich die vierhundertvierzehn Stufen zur Aussichtsplattform erstiegen hatte.

Ein herrlicher Blickfang sind auch die Turm- und Domfassaden mit farbigen Marmorinkrustationen, die im Laufe der Jahre nichts von ihrer einzigartigen Schönheit eingebüßt haben. Schaut man von ebener Erde die marmorierte Domfassade zur hundertvierzehn Meter hohen Kuppelspitze hinauf, begreift man sofort, warum die kreisrunde Konstruktion des genialen Baumeisters Brunelleschi als architektonisches Wunderwerk gilt, das die Florentiner liebevoll »La Cupola« nennen. Ende des 13. Jahrhunderts begann Arnolfo di Cambio im Auftrag der mächtigen Tuchmachergilde mit dem Fassadenaufbau des Doms. Giotto und Francesco Talenti führten den Aufbau und die Formgebung weiter, ehe nach vielen Fehlschlägen Filippo Brunelleschi (1377–1446) die Arbeiten an der großen Kuppel übernahm. Mittels einer neuen Konstruktion, die auf dem Prinzip basierte, dass sich zwei zugeneigte Schalenkörper stützten, die durch waagerechte und senkrechte Streben miteinander verbunden wurden, konnte die Kuppel mit einem Durchmesser von fünfundvierzig Metern 1436 geschlossen werden, doch erst 1461, als eine goldene Kugel auf der Spitze den Abschluss bildete, war der Bau vollendet. Er wurde Maria, der Muttergottes, geweiht mit der Ergänzung »del Fiore« (der Blume), die sich auf die Lilie im Stadtwappen bezieht.

Am rechten Arnoufer (flussabwärts gesehen), wo der mächtige Bau des Doms aufragt, liegt auch das Altstadtzentrum von Florenz, eingerahmt von großen Plätzen – Piazza Vittorio Veneto, Piazza della Libertà, Piazzale

FLORENZ: VON DER KUPPEL DES DUOMO SANTA MARIA
DEL FIORE BIETET SICH EIN PHANTASTISCHER AUSBLICK
ÜBER DAS HÄUSERMEER.

Donatello und Piazza Beccaria. Zwischen diesen Verkehrsknotenpunkten erstreckt sich ein Straßen- und Gassengeflecht, in dem sich all die berühmten Paläste, Kirchen und Museen befinden, die die bedeutendsten Meisterwerke beherbergen. Ein augenfälliges Labyrinth zum Schlendern und Flanieren, wo ich abends, abseits des Touristentrubels, im Schein alter Laternen oder bei Kerzenlicht in lauschigen Restaurants oder Bars einkehrte und ein Glas Wein oder toskanische Speisen genoss: zum Beispiel Crostini di fegato als Vorspeise, eine Paste aus Hühnchenleber, Sardellen, Zwiebeln, Kapern und Brühe, die auf warmes Brot gestrichen wird; dann Bistecca all Florentina, ein Porterhouse-Steak (sehr blutig) mit weißen Bohnen und Röstkartoffeln oder Rindfleischröllchen mit Artischocken – und als Dessert Pere in Tegame, Birnen in der Pfanne.

Beim wohlschmeckenden Essen blätterte ich in den Reiseberichten von Heinrich Heine und Hermann Hesse, die beide von Florenz begeistert waren. »Florenz ist das christliche Athen, und seine durchgeistete Schönheit erquickt die Sinne, wenn man am Tage durch seine Straßen wandelt und seine Bauwerke betrachtet, worin der gotische Tiefsinn sich mit griechischer Anmut vermählt«, schrieb Heine. »Und wenn die Abendsonne, ehe sie scheidet, noch alle ihre Lichter auf Florenz herabgießt ...«, erschien ihm »die ganze Stadt (...) zuweilen wie ein ruhiges Gemälde auf Goldgrund«. Und auch Hermann Hesse notierte in einem eigenartig beglückenden Rausch: »Wenn ich an Florenz denke, sehe ich als erstes Bild nicht den Dom oder den alten Palast der Signorie, sondern den kleinen Goldfischteich im Giardino Boboli, wo ich an meinem ersten Florentiner Nachmittag ein Gespräch mit einigen Frauen und ihren Kindern hatte, zum ersten Mal die Florentiner Sprache vernahm und die mir aus so viel Büchern vertraute Stadt zum ersten Mal als etwas Wirkliches und Lebendes empfand, mit dem ich reden und das ich mit den Händen fassen konnte.«

Ganz ähnlich empfand ich, wenn mein Weg mich zum brückenüberspannten Arno führte, der im Sommer tief in seinem steinigen Bett versinkt, sodass die trocken gefallenen Ufer zum Freizeitpark der Florentiner werden. Dort sah ich den spielenden Kindern zu, lauschte den Gesprächen der Familien, die auf Klappstühlen oder Wolldecken saßen und viele Picknickleckereien aus Körben oder Taschen kramten. Ich weiß nicht, ob man sich nach solchen idyllischen Bildern sehnen kann. Vergessen kann ich sie jedenfalls nicht.

Seltsamerweise war es in Florenz immer wieder der Arno, der mich magisch anzog. An seinen grünen Ufern vor den Toren der Stadt spazierte ich viele Stunden entlang. Er ist der größte Fluss der Toskana, der am Monte Falterona in den Apenninen entspringt und nach zweihundertvierzig Kilometern bei Marina di Pisa ins Ligurische Meer mündet. Nach heftigen Regenfällen oder zur Schneeschmelze richteten Hochwasser und Überschwemmungen häufig verheerende Schäden an, wenn die Fluten des Arno über die Ufer traten. Im November 1966 hatte ein Jahrhundertunwetter in vielen Teilen Norditaliens katastrophale Folgen. In Florenz und Umgebung fanden vierunddreißig Menschen den Tod, zahllose Kunstwerke, Bilderhandschriften und Dokumente wurden durch die Wasserfluten beschädigt oder zerstört. Die Kunstwelt spricht von der größten Vernichtung von Kulturschätzen seit dem Zweiten Weltkrieg.

Beim Schlendern durch das Altstadtviertel kann man allerlei Kuriositäten entdecken und bestaunen: im Schatten des Doms die gotische Kirche San Carlo dei Lombardi oder das florentinische Wahrzeichen Battistero San Giovanni mit der Porta del Paradiso – einer meterhohen Tür, auf der zehn fast quadratische vergoldete Platten eingefügt sind, die Geschichten aus dem Alten Testament darstellen; das Museo Nazionale del Bargello mit Werken von Michelangelo, Verrocchio, Cellini, Giambologna und Donatello – sein bronzener David von 1430 ist die früheste frei stehende Aktstatue der Renaissance; die Badia Fiorentina, 978 erbaut und damit eine der ältesten Kirchen von Florenz, mit dem prachtvollen Altarbild von Filippino Lippi – es zeigt den heiligen Bernhard, dem die von Engeln umringte Muttergottes erscheint; die Galleria dell'Accademia mit Sandro Botticellis Gemälde »Madonna del Mare« sowie die Originalstatue von Michelangelos David, die der begnadete Künstler mit neunundzwanzig Jahren aus einem verhauenen Marmorblock freischlug; die Basilica di Santa Maria Novella mit ihrer wunderschönen Renaissancefassade aus weißem und grünem Marmor, gelegen an der gleichnamigen Piazza, die einer der schönsten Plätze in Florenz ist – mit blumengeschmückten Rasenflächen, Springbrunnen und zwei Obelisken, die auf steinernen Schildkröten stehen.

Und dann die Piazza della Signoria, einst politischer Mittelpunkt von Florenz, mit dem festungsartigen Palazzo Vecchio (erbaut 1298–1314), dem Tagungsort der Signoria, der neunköpfigen Stadtregierung, und Residenz der Medici; die Piazza ziert ein phantastischer Skulpturenreigen: eine Kopie von Michelangelos David, der die Republikaner symbolisiert im Widerstand gegen die diktatorische Herrschaftsmacht der Medici als Goliath; ein Reiterstandbild von Großherzog Cosimo I., der die Toskana mit militärischer Gewalt einte; der Nymphenbrunnen mit dem riesigen Neptun, Gleichnis der Medici-Triumphe zur See – und die Sandsteinkopie von Donatellos Löwe Marzocco, der mit erhobener rechter Pranke die Kraft und Freiheit der Florentiner versinnbildlicht.

Nur ein paar Schritte weiter die Uffizien, einst Verwaltungsgebäude der Medici und heute eine der weltweit bedeutendsten Gemäldegalerien. Eine Schatzkammer der Malerei – mit Werken von Botticelli, da Vinci, Michelangelo, Raffael, Tizian, Cranach, Dürer, Rubens, Carpaccio, Manfredi, Lippi, Tintoretto, Reni, Caravaggio und Signorelli. Abends kommt hier, rund um die Uffizien und die Piazza della Signoria, Jung und Alt zusammen, dann tauscht man Neuigkeiten aus oder lauscht den Darbietungen der Straßenmusiker. Die singen zur Gitarre ihre Lieder und schaffen eine stimmungsvolle Atmosphäre, die das Publikum beschwingt, und man tanzt, klatscht, lacht und johlt.

*

Am nächsten Tag zieht es mich zur Franziskaner-Basilika Santa Croce, eine der schönsten gotischen Kirchen Italiens. Unter monumentalen Marmorplatten bestattet liegen hier auch Geistes-Giganten wie Niccolò Machiavelli, Michelangelo, Dante Alighieri, Gioacchino Rossini, Enrico Fermi und Galileo Galilei. Im Palazzo Strozzi, ein Höhepunkt des Florentiner Palastbaus, besuchte ich eine Ausstellung über das Wirken Galileis und erfuhr, dass der große Mathematiker auch ganz patente und nützliche Dinge konstruierte: einen Vorläufer des Kugelschreibers, einen automatischen Tomatenpflücker, einen Taschenkamm, der auch als Besteck verwendet werden konnte, und ein Thermometer, das später von dem Physiker und Erfinder Daniel Gabriel Fahrenheit weiterentwickelt wurde.

Noch viel Eindrucksvolleres und Weltbewegenderes hat Galilei auf dem Gebiet der Astronomie geleistet. Auf den von Kopernikus erbrachten Beweisen aufbauend, dass die Erde sich um die Sonne dreht, hat er das erste Teleskop zur Beobachtung des Himmels konstruiert. Er erkannte, dass die Milchstraße aus unzähligen Sternen besteht, entdeckte die vier größten Jupitermonde, die er »Mediceische Gestirne« nannte, und begann die Mondoberfläche zu kartographieren.

Mit seinen astronomischen Erkenntnissen rührte er an die Grundfesten der katholischen Glaubenslehre und provozierte die Kirche. Die Inquisition zwang ihn, seinen angeblichen Irrtümern abzuschwören. Nur so konnte er dem Scheiterhaufen entgehen, wurde aber mit lebenslangem Hausarrest belegt. Bis zu seinem Tod im Januar 1642 lebte er außerhalb von Florenz. »Und sie bewegt sich doch!«, sollen seine letzten Worte gewesen sein.

Das Ehrengrab Galileo Galileis in der Kirche Santa Croce ist mit dem Staatswappen von Florenz und der italienischen sowie der EU-Fahne geschmückt.

Erst 1992 rehabilitierte Papst Johannes Paul II. den Universalgelehrten und hob den Kirchenbann auf.

*

Neben dem Duomo Santa Maria del Fiore gibt es einen fast magischen Anziehungspunkt sowohl für die Florentiner als auch für viele ausländische Gäste – der Ponte Vecchio, die älteste Brücke über den Arno. Bereits in römischer Zeit hat hier eine hölzerne Überführung die Ufer miteinander verbunden. Und zur Zeit der Medicis fungierte der Ponte Veccio als Verbindung zwischen ihren beiden Residenzen – dem Palazzo Vecchio, dem Amtssitz, und dem Palazzo Pitti, ihrem Wohnsitz, der sich noch heute auf dem linken Flussufer befindet. Weder Auto noch Vespa dürfen die alte Brücke befahren, und selbst Radfahrer müssen vom Sattel steigen und ihr Vehikel schieben. Stattdessen haben seit alters her Gold- und Silberschmiede die malerische Brücke in Besitz genommen, deren Läden sich dicht an dicht einanderreihen.

Vom Ponte Vecchio ging ich am linken Arnoufer eine geschwungene Serpentinata hinauf zur Piazzale Michelangelo. Von der Balustrade des Platzes, der 1875 anlässlich des 400. Geburtstags Michelangelos angelegt wurde, bot sich mir ein unvergesslicher Blick über den Arno und die Stadt. Es ist einer der schönsten Aussichtspunkte über Florenz. Besonders im zartroten Licht der Abenddämmerung wandelt sich das Stadtbild zu einer Phantasmagorie, und es ist, als würden Domkuppel, Kirchtürme und Terrakottadächer zwischen Erde und Himmel schweben.

Hier schweifte mein Blick auch weiter durch das Arnotal. Ein Höhenkamm schob sich über den anderen, dichte Grüngürtel mit Buschwerk, Mischwald und Zypressen mäanderten über schier uferlose Hügelwellen, die nicht enden wollten. Dazwischen lagen Höfe und Villen, Gartenterrassen und Weinstöcke. Das waren Fernblicke, die wie Leinwandgemälde erschienen.

Oberhalb der Piazzale Michelangelo, zwischen Zypressen und Olivenbäumen gelegen, steht die kleine Kirche San Miniato al Monte. Die ehrwürdige Basilika gilt als ältestes Heiligtum von Florenz. Der Legende nach soll im Jahr 250 der Florentiner Minias nach der Enthauptung durch den römischen Kaiser Decius mit seinem abgeschlagenen Kopf bis zu diesem Hügelplateau gelaufen sein. Christen errichteten über seinem Grab eine kleine Kapelle, die im 11. Jahrhundert zu einer Benediktinerabtei ausgebaut wurde. Die Frontfassade aus weißem Carrara-Marmor und grünem Serpentin ist ebenso prächtig gestaltet wie das goldene Mosaik über dem Eingangsportal, in dessen Mitte Christus segnend sitzt.

Der Innenraum der Kirche ist eine siebenschiffige Hallenkrypta mit zierlichem Kreuzgewölbe, deren Säulen antike Kapitelle tragen. An den Wänden sind Malereien aus dem 14. und 15. Jahrhundert zu sehen, die größtenteils Szenen aus dem Leben Christi zeigen, und im Altar, der von einem Marmortabernakel und farbenprächtigen Einlegearbeiten umgeben ist, liegen seit 1013 die Gebeine des heiligen Minias.

Bei meinen Besuchen in der Basilika nehme ich jedes Mal auf einer Holzbank dem Altar gegenüber Platz und lasse diesen Ort auf mich wirken. Und niemals verlasse ich die San Miniatos Kirche, ohne im Raum der Stille eine Kerze zu entzünden und einige Worte des Dankes zu flüstern, während ich mich an einige besondere Momente meiner Reisen und meines Lebens erinnere. Meist überkommt mich dann ein Anflug von Melancholie, ehe ich wieder nach draußen ins Sonnenlicht trete.

Dies ist ein heiliger Ort, an dem sich Hoffnung und Sehnsucht begegnen.

*

Ein Stückchen weiter auf einem anderen Hügel, gleich hinter dem Palazzo Pitti erstreckt sich der Giardino di Boboli – eine der schönsten Parkanlagen Italiens, die schon im 17. Jahrhundert ihre heutige Größe von 4,5 Hektar bekam. Genau das Richtige nach reichlich Kunstgenuss, Menschentrubel und Verkehrsgetümmel. Inmitten eines sorgsam gepflegten Baum-, Busch- und Blumenparadieses mit Wegen, Wiesen und Wäldchen findet man hier Ruhe und Entspannung; eine unglaublich vielfältige Pflanzenwelt und darin eingeschlossen römische Altertümer, Skulpturen, Teiche, Springbrunnen und Grotten. Natur und Bauwerk verschmelzen hier zu einer vollkommenen Komposition. Allein das bloße Umherschlendern und Schauen bereitet eine Art Glück, und man versteht, dass Hermann Hesse es keinen Moment bereute, »einige halbe Nachmittage im Boboli-Garten verbummelt und verträumt zu haben. Vom Besuch mancher wichtigen Kirche, ja von ganzen, flüchtig besuchten Städten nahm ich nur eine vage, konturlose Erinnerung mit, die Stunden im Boboli-Garten aber hoffe ich nie zu vergessen. Wer den Garten richtig genießen will, darf ihn nicht an den Sonntagnachmittagen aufsuchen, wo die Wege und Bänke von Besuchern wimmeln. Man muss ihn sehen, wenn er in grünem Schweigen liegt, am besten in der heißen Stille einer Mittagsstunde. Dann vermag er einen Begriff zu geben von jenen italienischen Fürstengärten, (…) wo tiefschattige Wege sich durch hohe immergrüne Gebüsche winden, wo kühle Brunnen und weiße Statuen aus dunklen Hainen blicken. Wer den Boboli-Garten in solch einer stillen, sonnigen Stunde allein besucht, dessen Phantasie kann nicht widerstehen, die Wege und Rasenplätze mit lustwandelnden oder ballspielenden adligen Jünglingen in der Tracht des 16. Jahrhunderts, die Bänke mit konversierenden Gentildonne und adligen Liebespaaren zu bevölkern.

Dort lag ich manchmal rücklings auf einer Bank oder im Gras, von den großblumigen, bunten Anemonen und Narzissen umgeben, und folgte mit gedankenlosen Blicken den weißen Frühlingswolken, die hoch über den schwarzen Zypressenwipfeln am reinen Himmel wanderten.«

*

Doch auch eine Wunderstadt hat ihre Kehrseite, kennt andere Wirklichkeiten. Dazu zählt der Winter, der Florenz Intimität und Gelassenheit verleiht, wenn die Rollos vor den Souvenirläden unten bleiben, die Tage kürzer werden, die Temperatur sinkt, die silbrigen Blätter der Olivenbäume im Wind rascheln, die Touristenströme entschwunden sind, das geräuschvolle Stimmengewirr auf ein Geplauder zusammenschrumpft, der Arno sich in den frühen Morgenstunden in milchig-trüben Nebel hüllt, mattes Sonnenlicht auf die gebleichten Ziegeldächer scheint und der Alltag der Stadt leise daherkommt. Dann zieht sich die Stadt auf sich selbst zurück und zeigt ihr wahres Gesicht – ein Antlitz faltenreicher Sinnlichkeit.

Wie neugeboren erschien mir dann die Stadt. Ungestört konnte ich die Gassen kreuz und quer entlangspazieren, über leere Plätze laufen, alles betrachten und mich annähern, den ganz normalen Tageslauf der Florentiner erleben oder mich in das feingeistige Florenz vergangener Jahrhunderte hineinträumen, die Stille wahrnehmen, von der Piazzale Michelangelo die Stadt im kühlen Dunst der Dämmerung erleben, wenn der Himmel rotes Feuer fing. Und später am Abend, wenn die Sterne fest am samtblauen

Firmanent klebten, den Tag ausklingen lassen bei einer Ribollita, einer kräftigen Brot- und Gemüsesuppe, deren Rezept aus jener Zeit stammt, als die Menschen noch wenig hatten.

Wer die Sinnlichkeit solcher Tage zu schätzen weiß, kann gewiss auch die Besonderheit verstehen, die dicke, weiße Flocken im Dezember über Florenz bedeuten. Von solch einem Zauber kann man nur träumen. Ein Welttheater im Schnee.

Florenz erfüllt viele Sehnsüchte.

ZUGSPITZE

Mit Lamas zum höchsten Gipfel Deutschlands

Alle Menschen werden die Wahrnehmung machen, dass man auf
hohen Bergen, wo die Luft rein und dünn ist, freier atmet und sich
körperlich leichter und geistig heiterer fühlt.

JEAN-JACQUES ROUSSEAU

Es gibt Bilder, die sich einprägen, und Eindrücke, die man
nicht vergessen kann: eine weiße Flockenpracht, die sich
auf die Erde legt und die Landschaft verzaubert; enzian-
blaue Seen, voller funkelndem Licht; grelle Blitze und kra-
chender Donner, die ein prächtiges Himmelsfeuerwerk
darbieten; verwunschene Wälder, deren Blätterdächer in
tausendfachen Grünschattierungen leuchten; federnde
Moosteppiche, die mit Farnen verziert sind; Nebelvor-
hänge aus dichtem Grau, wie von Geisterhand hin und her
geschoben; glitzernde Sterne, die nachts wie Katzenaugen
aufleuchten; tief hängende Wolken, aus denen sintflut-
artige Regengüsse stürzen; flammendes Himmelsrot, das
über Berg und Tal in die Weite fächert. Mit solchen Bildern im Kopf kommt zuweilen die Erinnerung an weit zu-
rückliegende Reisen hoch, die ich in der Kindheit mit meinen Eltern unternahm. Nicht selten verbrachten wir die
Ferienzeit in kleinen Orten am Wettersteingebirge, und
sommers wie auch winters hieß es dann: Wir wandern!

Anfänglich als »Halbschuhtouristen«, später aber auch mit festen Wanderstiefeln ging es durch Wälder und Täler, über Wiesen und Gebirge. Ich erlebte Bilderbuchszenerien und Zauberaugenblicke, sah Seen und Wildbäche, Steinbock und Murmeltier, blauen Enzian und weißen Alpenmohn. Von Entdeckerlust angetrieben, stürmte ich dann meist mit meinem kleinen Rucksack mutig voraus und machte erste Erfahrungen mit der Natur.

Mein Fazit fast fünfzig Jahre später: Gemeinsame Erinnerungen sind starke Bänder.

Wenn ich heute im Freundeskreis von diesen frühen Reiseerinnerungen erzähle, werde ich immer wieder gefragt: Wo liegt denn das Wettersteingebirge? Und jedes Mal bringe ich dann die Zugspitze ins Gespräch. Denn Deutschlands höchsten Berg kennt jeder. Sein Gipfel in 2962 Metern Höhe ist zugleich der höchste Punkt des Wettersteingebirges, das sich an der Grenze zwischen Deutschland und Österreich erstreckt. Klangvolle Bergriesen zählen zu dieser Bergkette: von den Partenkirchener und den Leutascher Dreitorspitzen über die Gipfel des Wettersteinkamms bis zu den Höllentalspitzen, Hochblassen und der Alpsitze im Blassenkamm. Kurzum: Deutschlands höchster Gipfelkranz mit der Zugspitze als Krönung. Dieser Berg hat eine ganz eigene Ausstrahlung, und viele Geschichten und Legenden ranken sich um ihn; seit meinen Kindertagen ist er für mich ein Sehnsuchtsort, und vor einigen Jahren verlockte er mich zu einer ungewöhnlichen Unternehmung: einer Bergtour mit Lamas.

Dass es zu einer solchen Wanderung kam, ist Hans Kronspiess und Hans Valentin geschuldet, die ich in Ehrwald traf, einem 2500 Einwohner zählenden Ort in Österreich. Kein Tiroler spricht hier vom Wettersteingebirge, sondern nur vom »Tiroler Zugspitzmassiv«: Fast zweitausend Meter stürzen die kahlen Wandfluchten der westlichen Wetterwand zum Talbecken von Ehrwald ab. »Hans eins« und »Hans zwei« waren etwa fünfzig, verfügten über berggängige, standfeste Beine und waren auch unverschämt fit; keine trachtelnd-feschen Lodenlook-Typen, sondern urige Berg-Cowboys mit Westernhut. Seit etwa zehn Jahren nannten sie neunzehn Lamas ihr Eigen und veranstalteten mit ihnen Trekkingtouren für Touristen in Bayern und Tirol – der Eine ein ehemaliger Musiker, Koch, Skilehrer und Bergführer, der im Qualitätsmanagement arbeitete, der Andere ein selbständiger Anstreicher, Maler und Schildermacher. Beide liebten die Natur, die direkt vor ihrer Haustür lag, und ihre Lamas. Und dann war da noch ein Traum, den beide seit Jahren träumten: »Einmal mit unseren Lamas zur Zugspitze hinauf«, sagte Hans Kronspiess mit einem verschmitzten Lächeln, das Abenteuerlust und Sehnsucht erkennen ließ, als wir eines Abends in einem gemütlichen Gasthof bei Bier und Schnaps beisammensaßen. »Einmal mit Lamas auf die Zugspitze«, wiederholte ich seinen Wunschgedanken. Der Plan schien mir ziemlich verrückt, aber irgendwie auch aufregend. Allerdings barg ein solches Vorhaben viele Risiken – stürmische Winde, Eiseskälte, heftige Steinschläge und Lawinen, um nur die größten zu nennen. Weil sich heute jeder Tourist mit Bahnen bequem zum Gipfel bringen lassen kann, gerät dies leicht in Vergessenheit: Die genannten Gefahren sind im Laufe der Jahre zahlreichen Menschen zum Verhängnis geworden.

Tiroler Geschichtsbücher berichten, dass die Zugspitze im Jahre 1590 erstmals erwähnt wurde. Der Name des steinernen Riesen geht auf die Lawinenstriche am Nordfuß des Berges zurück, die in Bayern als »Zug« bezeichnet werden. Als Erstbesteiger gelten Josef Naus aus Reutte in Tirol, damals Leutnant des königlich bayerischen Heeres, der den 2962 Meter hohen Westgipfel zusammen mit seinem »Bedienten« namens Maier und dem Partenkirchener Johann Georg Deuschl am 27. August 1820 erreichte.

Auch wir waren zu dritt, als die Idee – die Tour mit Lamas auf Deutschlands höchsten Berg –, mehr und mehr Gestalt annahm. Aus einem Traum, der beharrlich wiederkehrte, wurde konkrete Planung und Organisation, und Mitte September war es schließlich so weit: Aufbruch. Unser Gepäck, Fotoequipment und Proviant verstauten wir in großen Satteltaschen, die den Tieren umgehängt wurden. Dann setzte sich unsere kleine Karawane in Bewegung und machte sich auf den Weg. Von Ehrwald ging es hinauf ins Wettersteingebirge. Mehr als einhundertsiebzig Jahre nach der ersten namentlich nachgewiesenen Besteigung der Zugspitze.

*

Die Sonne strahlte bereits von einem fast wolkenlosen Himmel, während wir noch unseren Laufrhythmus suchten und die Lamas im Schlepptau hinter uns her führten. Wir hatten Vertrauen zu den Tieren, die »Hans eins« und »Hans zwei« aus ihrer Herde ausgewählt hatten; ruhig und gelassen wanderten Ricardo, Rocky und Pepe mit uns dahin.

»Lamas sind gute Kraxler«, wussten meine beiden Berggefährten zu berichten, als wir einige Wochen vor unserer Zugspitzwanderung mit einer ausgewählten Gruppe von

ZUGSPITZE: BLICK VOM ÖSTERREICHISCHEN EHRWALD AUF DAS WETTERSTEINGEBIRGE MIT DEUTSCHLANDS HÖCHSTEM GIPFEL.

Tieren mehrere Trainingstouren unternahmen. Beim Trecken durch Wald- und Bergterrain lernte ich den Umgang mit Lamas und erfuhr dabei eine Menge über die aus Südamerika stammenden Tiere – beispielsweise, dass sie auf den Hochebenen und Bergen von Peru, Chile, Ecuador und Argentinien leben und vor Tausenden von Jahren aus wild lebenden Guanakos zu Lamas domestiziert wurden, dass sie zur Familie der Kleinkamele gehören, ausdauernde und trittsichere Wiederkäuer sind. Ihre Fohlen können innerhalb von nur neunzig Minuten nach der Geburt laufen, und ihre Lebenserwartung beträgt fünfzehn bis zwanzig Jahre. Lamas erreichen eine Schulterhöhe von etwa hundertzwanzig Zentimetern, und die Farben ihres wolligen, fettfreien Fells reichen von weiß über alle Abstufungen von braun bis zu schwarz. Sie sind aufmerksame und lernfähige, gutmütige und robuste Tiere. Als eine Art Stimmungsbarometer gelten ihre langen Ohren, die sie nur anlegen und dann spucken, wenn sie sich bedrängt oder belästigt fühlen.

*

Das Bimmeln von Kuhglocken und der Geruch von Latschenkiefern begleiteten uns, als wir die Ehrwalder Alm in 1500 und anschließend die Hochfeldern Alm in 1750 Metern Höhe passierten. Üppig blühende Buckelwiesen wechselten mit plätschernden Bächen, die in natürlichem Lauf durch die Landschaft mäanderten. Wir passierten mit gelb-roten Flechten überzogene Felsen, die von Vögeln als Sitzplatz genutzt wurden, sahen aufgeregt pfeifende Murmeltiere, die uns von den Eingängen ihrer Höhlen beobachteten, und entdeckten immer wieder Blumen als echte

Überlebenskünstler, die allen Wetterunbilden des hochalpinen Klimas trotzten: Gemskresse, Steinbrech, Täschelkraut, Zwergalpenrose und das Alpen-Leinkraut mit seinen zierlichen orangevioletten Blüten. Eine unglaubliche Vielfalt von Vegetationsspielereien.

So fügte sich Stunde an Stunde, wobei mich unterwegs nicht nur die seltsame Physiognomie der Lamas faszinierte, sondern auch ihr drolliger, staksiger Gang sowie ihr intelligentes, einfühlsames Wesen, das sich in gleichmäßiger Bewegung im unterschiedlichen Gelände offenbarte. Doch vor allem war es dieses wunderbare, kontinuierliche Voranschreiten im Gleichschritt der Lamas, das mich beseelte. Dieser Rhythmus erschien mir wie ein geheimnisvolles Band zwischen Tier und Mensch, und ich sinnierte darüber, wie sich unsere Lamas wohl beim stetigen Aufstieg fühlten. Enorm trittsicher, verfügten sie selbst in schwierigstem Gelände über eine große Wendigkeit. Ohne Anzeichen von Ermüdung hielten sie in geschmeidigem Trott den Kurs und nahmen mit neugierigen Augen, Ohren und Nüstern die Umgebung wahr. Hin und wieder, wenn verlockendes Grün am Wegesrand wuchs, drosselten Ricardo, Rocky und Pepe allerdings ihr Schritttempo und schnappten im Vorbeigehen nach Grasbüscheln und Sträuchern oder drangen kurz entschlossen in wild verzweigtes Buschwerk ein, sodass uns bei ihrer »Befreiung« knorriges Astwerk piesackte.

Auf dem Max-Klotz-Steig, einem schmalen Weg, der in die Bergwelt des Wettersteins hinein führte, ging es mehr und mehr bergan, und je höher wir kamen, desto steiler und steiniger wurde es. Auch die Landschaft präsentierte sich deutlich karger. Brüchige Gesteinsstufen und glattgeschliffene Felsplatten wechselten mit ansteigenden

ZUGSPITZE: MIT HANS KRONSPIESS, HANS VALENTIN UND DREI LAMAS WANDERE ICH DURCH GRANDIOSE NATURKULISSEN.

Serpentinenpfaden, die nur wenig Trittfläche boten. Also führten wir unsere Lamas an langen Leinen und sehr, sehr vorsichtig hinter uns her. Wenn ich hin und wieder für einen Moment stehen blieb, von der Schönheit der Landschaft tief berührt, ließ ich meinen Gedanken freien Lauf angesichts der großartigen Kulissen des Wettersteingebirges mit seinem typischen hellen Fels und den tief eingeschnittenen grünen Tälern und dem intensiv blauen Himmel darüber. Urwüchsige Szenerien in verschwenderischer Fülle und Vielfalt. Das besondere Zusammenspiel von Graten und Jochen, Schluchten und Hängen, Türmen und Tälern, Wiesen und Blumen, Schnee und Felsen formt den unverwechselbaren Charakter dieses Gebirges.

Auf dem Weg zum »Gatterl«, einer felsigen Einsattelung am Südostrand der Zugspitze, folgten wir einem schmalen Pfad bergan, der über einen Hang führte – abschüssig und steiler als ein Kirchdach. Aufrecht konnten wir hier kaum stehen, ohne die Balance zu verlieren. Mit gebeugtem Rücken heftete ich meinen Blick auf die Hinterläufe von Rocky, während das Geröll unter den Füßen knirschte. Unablässig rutschten Tier und Mensch wie auf einem Kugellager aus Steinschotter und Felsmarmeln. Immer wieder stolperte ich, und immer wieder streichelte ich mein Lama und redete ihm gut zu.

Plötzlich brach der Verwitterungsschutt wie Blätterteig unter meinen Stiefeln. Ich verlor das Gleichgewicht und schwamm im Geröll, stürzte vornüber und klammerte mich an die Halteleine des Lamas. Doch auch Pepe suchte mit Vorder- und Hinterläufen Tritt im lockeren Gesteinsschutt, fand aber keinen sicheren Grund, versuchte seine Lasten abzuschütteln – und löste einen Erdrutsch aus. Faustgroße Steine kullerten und schossen links von mir den steilen Hang hinab. Es knackte und krachte wie splitterndes Holz. An Pepes Sattel rissen Spannriemen, und ein Rucksack verschwand in der kesselförmigen Tiefe. Nur mit Glück fand ich Halt und hastete mit meinem Lama im schlüpfrigen Schotter weiter voran, bis wir wieder auf stabilem Boden standen. Der Schreck saß mir noch eine ganze Weile in den Knochen.

Am zerklüfteten »Gatterl«, wo eine schmale Scharte im Felsenkamm die deutsch-österreichische Grenze bildet, rasteten wir. Namensgeberin des »Gatterl« war eine quietschende Holzpforte, die die weidenden Schafe im Sommer davon abhalten sollte, die Grenze von Tirol nach Bayern zu überschreiten. Weit reichte der Blick von hier bis hinunter in das Reintal mit dem Jagdschloss Ludwigs II. auf dem Schachen, überragt von den Törlspitzen.

Später bei heißem Tee und belegten Broten schaute ich zu den hoch aufragenden Bergwänden, die mir wie Drachenzähne erschienen, als sich der Himmel mit grauem Gewölk bezog, die letzten Strahlen der Sonne zwischen den Gipfeln in die Schluchten fielen und wenig später feiner Nieselregen einsetzte. Rasch packten wir unsere Sachen zusammen. Ein Windstoß riss mir beinahe die Regenjacke aus den Händen. Alles wirkte grau und trostlos, als wir uns wieder auf den Weg machten. Die Kapuze und den Hut tief ins Gesicht gezogen, stapften wir wortlos voran.

Zum Glück ließ der Regen bald nach, doch der Boden war nun rutschig, und eisige Böen begleiteten uns durch den windgeschliffenen Steinfriedhof des »Plattsteigs«. Wild flatterten die weiß-braunen Haare unserer Lamas im Wind, die sich geschickt durch das schwierige Terrain tasteten. Manchmal zwangen uns riesige Blockbarrieren zu

Umwegen über terrassenartige Felsenbänder und geschotterte Hänge.

Trotz des raunenden Windes zeigte die Sonne am späten Nachmittag noch ein paar schüchterne Strahlen. Und als wir inmitten felsiger Mondlandschaft auf 2052 Metern Höhe die Knorrhütte erreichten, waren alle Konturen wieder scharf. Das karstige Umfeld vermittelte das Gefühl von Hochgebirge. Mittendrin die älteste Alpenvereinshütte im deutschen Alpenraum. Nur viermal im Jahr transportiert ein Hubschrauber Lebensmittel und Getränke zu dieser abgelegenen Schutzhütte am Rand des Zugspitzplatt.

Beim Abladen des Gepäcks freuten sich Ricardo, Rocky und Pepe, ihre Lasten loszuwerden. Noch mehr freuten sie sich, als wir sie mit Stroh, Hafer und Wasser versorgten, ehe wir in der Stammtischecke der bewirtschafteten Knorrhütte Platz nahmen. In der behaglichen Stube wurde geschwatzt und gelacht. Mehr als ein Dutzend Bergwanderer hatten hier bis zum nächsten Morgen Quartier bezogen. Wir aßen Erbsensuppe mit Brot, Wurst und reichlich Senf, während die Abendsonne zwischen den Berggipfeln herrliche Bühnenbilder inszenierte.

Später zogen wir uns in die Schlafkammern zurück. Ich war kaum eingeschlummert, als mich heftige Schnarch-Arien weckten. Mit viel Geduld versuchte ich mein Genervtsein in den Griff zu bekommen. Alpenvereinshütten sind wahrlich nichts für sensible Schläfer.

Mitten in der Nacht wurde ich erneut geweckt, diesmal vom Heulen des Windes. Beim Blick aus dem Fenster sah ich, dass die Hütte zwischen zwei Himmeln stand. Die Berge waren in Nebel und Wolken gehüllt und nur unkenntliche Schemen. Das Massiv der Zugspitze zeigte seine abweisende Seite, und die Euphorie des gestrigen Tages verflüchtigte sich. Es war zwei Uhr früh, und die Temperatur war rapide gefallen, das Thermometer blieb bei einem Grad stehen. Ich versuchte, dem kommenden Tag optimistisch entgegenzusehen, was mir aber nicht so recht gelang: Der Wind wimmerte und drückte unablässig gegen die Hüttenwände, und mit Unbehagen kroch ich zurück in den Schlafsack. Mein Körper war übermüdet, doch die Gedanken standen dem Einschlafen im Wege. Wie sollten wir unsere Tour fortsetzen, wenn der böige Wind und die dunkelgraue Nebelsuppe tagelang anhielten? Würden wir dann umkehren und wieder ins Tal absteigen müssen?

Früh um sechs dann die Erlösung: Föhnwetter mit strahlendem Enzianblau am Himmel. Der Wind war nahezu abgeflaut und die Sicht rundum klar. Besser konnte es nicht sein. Gleich nach dem Frühstück beluden wir unsere Lamas und stiegen in das steinige Gelände des Zugspitzplatt hinein.

Weiter auf dem Nordalpenweg führten wir unsere Tiere durch einen schier endlosen Felsgarten, ohne Büsche und Bäume. Nur Moose, Flechten und ein paar Grasbüschel krallten sich an das aufeinandergetürmte Geröll. Wie Fabelwesen wirkten manche Steingebilde, und die umliegenden Berggipfel trugen unwirkliche Namen: Höllenspitze, Teufelsgrat und Hundsstallkopf. Eine mondähnliche Atmosphäre, die auch das gleißende Sonnenlicht nicht vertreiben konnte.

Auf einer Höhe von zweitausendsechshundert Metern, im Herzen eines Gletschergebietes, erreichten wir auf dem Zugspitzplatt die Sonn-Alpin-Station mit gemütlichem Blockhaus und Glasrondell. Der weiterführende Aufstiegspfad zum Gipfel war extrem steil und das letzte Teilstück zu schwierig für Ricardo, Rocky und Pepe. Deshalb hatten wir uns schon während der Planungsphase um eine Sondergenehmigung bemüht, damit unsere Lamas die Kabine der Seilbahn betreten durften und mit uns zum Höhenkamm der Zugspitze hinauf schweben konnten.

Auf der windigen Höhenterrasse der Zugspitze war ordentlich was los, als wir das Gipfelplateau nach zügiger Seilbahnfahrt erreichten. Hunderte von Touristen, Urlaubern und Ausflugsgästen umlagerten und bestaunten Ricardo, Rocky und Pepe, als die Tiere aus der Kabine sprangen. Jeder wollte die allerersten Lamas auf der Zugspitze begrüßen, die aber sichtlich nervös wurden, ihre Köpfe hin und her drehten und mit den Hinterteilen unwirsch zu wackeln anfingen. Auch wir waren irritiert, aber was hatten wir erwartet? Vielleicht stehen gebliebene Zeit? Jedenfalls hatten wir mit so vielen Menschen hier oben nicht gerechnet.

Wir waren froh, als einige Hilfskräfte der Zugspitzstation einen Teil des Gipfelplateaus für uns abgrenzten und unsere Lamas den Ansturm der Touristen verdauen konnten. So standen wir schließlich hinter rot-weißem Absperrband an der Brüstung der Zugspitzterrasse. Gleich neben uns ragte das feuervergoldete Eisenkreuz des Ostgipfels auf: vier Meter hoch, drei Zentner schwer und mehr als einhundertdreißig Jahre alt. 1881 war es auf dem Westgipfel durch einen Blitz beschädigt worden, und nach den Reparaturarbeiten wurde es 1882 auf dem zwei Meter niedrigeren Ostgipfel aufgestellt.

Wir umarmten uns freudig und tätschelten die feuchtkalten Langhaarfelle unserer Lamas. »Gut gemacht, Ricardo, Rocky, Pepe!«, sagten wir fast gleichzeitig. Dann schweiften unsere Blicke in die Weite. Unter stahlblauem Himmel erstreckte sich eine grenzenlose Bergwildnis – da das Karwendelgebirge, dort die Stubaier und auch die Zillertaler Alpen. Wir sagten kein Wort, als wäre es durch ungeschriebene Gesetze verboten, tauschten nur lächelnd ein paar Blicke aus und gaben uns dem Glücksgefühl hin.

Sehnsuchtserfüllung.

Stunden später schwebten wir in den Gondeln der Ehrwalder Zugspitzbahn mit Ricardo, Rocky und Pepe wieder über gähnendem Abgrund und glitten an langen Stahlseilen hinab ins Tal.

REISESEHNSUCHT

Warum wir so gerne reisen

Wenn wir reisen, tun wir's doch nicht nur um der Ferne allein
willen, sondern auch um des Fortseins vom Eigenen, von der täglich
geordneten ausgewählten Hauswelt, um der Lust willen des Nicht-zu-
Hause-Seins und deshalb Nicht-sich-selbst-Seins. – Wir wollen das
bloße Dahinleben durch Erleben unterbrechen.

STEFAN ZWEIG

Die Reisesehnsucht beginnt von Kindheit an mit der
Frage, was hinter dem Horizont unseres Alltags liegen
mag. Neugier sehnt sich nach Erfüllung – und unbe-
stimmte Erwartungen wecken Wünsche und Begehrlichkeiten. Seit jenen Kinderjahren haben wir immer wieder
aufs Neue erfahren, manchmal auch schmerzlich, dass
jede Sehnsucht eine Selbstbegegnung ist. Vor allem beim
Thema »Reisen« bestürmen uns Bilder von Orten, an denen wir uns Erlebnisreichtum und Abenteuer, Glück und
Zufriedenheit erhoffen. Solche Sehnsuchtsbilder lagern
tief in unserem Innern und geben Auskunft über unsere
Wünsche und Träume.

Doch warum reisen wir? Was treibt uns in die Ferne?
Es zieht uns fort, weil wir Suchende sind, die ihren Horizont erweitern wollen. Wir brechen auf, um in eine andere
Gegenwart einzutauchen, um Erfahrungen zu machen,
die wir in unserer gewohnten Umgebung niemals machen

würden. Wir gehen auf große Fahrt, weil uns das Unbekannte lockt, weil wir uns nach neuen Begegnungen sehnen und die Lebensart fremder Menschen kennenlernen wollen. Unterwegs erhoffen wir uns Wandlung, Reife und Erneuerung. Wir schauen uns die Welt an, weil unser Planet so viele Wunderdinge zu bieten hat, und um grandiose Naturlandschaften zu erleben. Wir reisen, um äußere und innere Grenzen zu überschreiten, um zu uns selbst zu finden oder Gott näherzukommen. Und manchmal wissen wir erst nach der Rückkehr von einer Reise, wohin der Aufbruch uns geführt hat.

Jede Reise ist auch ein Versuch, dem Käfig der eigenen Identität zu entfliehen. Es ist ein wunderbares Ausbrechen nicht nur aus dem gewohnten Lebensalltag mit seinen hohen Ansprüchen und kraftraubendem Tempo, sondern auch aus der Zeit, in die wir hineingeboren sind.

*

Die Bedeutung des Reisens hat für mich kaum jemand treffender in Worte gefasst als der französische Schriftsteller Michel de Montaigne, der sich in vielen Texten mit dem Sinn des Unterwegsseins auseinandergesetzt hat: »Das Reisen scheint mir (…) eine ersprießliche Betätigung. Der Geist übt sich dabei ständig in der Beobachtung neuer, ihm unbekannter Dinge. Ich wüsste (…) keine bessre Schule, uns im Leben weiterzubilden, als ihm unausgesetzt die Mannigfaltigkeit so vieler andrer Daseinsweisen, Anschauungen und Gebräuche vorzuführen und ihn an diesem ewigen Wandel der Erscheinungsformen unsrer Natur Geschmack finden zu lassen.«

Solche Sätze machen Lust, einfach aufzubrechen und

zu reisen, wohin man sich sehnt. Denn die Lust am Reisen ist noch immer die größte Sehnsucht unserer Zeit – allen weltpolitischen Krisen zum Trotz. Doch die Ziele der Reisesehnsucht sind für jeden ganz andere und meistens untrennbar verbunden mit Urlaub und Ferien. Angetrieben von der Sehnsucht nach Entspannung und Erholung wünscht man sich an einen fernen Ort, um vielleicht im Liegestuhl am Pool zu faulenzen oder malerische Bergdörfer zu erkunden, am Strand den Meereswellen zu lauschen oder durch idyllische Landschaften zu wandern und abends dann ins Restaurant, in die Disco oder einfach früh schlafen zu gehen.

Andere stillen ihr Fernweh theoretisch, sitzen in den heimischen vier Wänden zufrieden im Sessel und schauen einschlägige Bildbände oder Fernsehsendungen an. Das hat gewiss auch seinen Reiz, denn eine Reise ans Ziel der Träume lässt sich im Geiste immer noch weitaus spontaner, müheloser und kostengünstiger gestalten als mit dem besten Reiseanbieter. Doch was im heimischen Sessel niemals spürbar wird, ist das intensive Erleben – nicht nur beim Unterwegssein, sondern schon bei der Planung, beim Abschiednehmen und Aufbrechen. Nichts kann das Faszinierende des Reisens mit allen Sinnen lebhafter, eindringlicher und nachhaltiger vermitteln, als das Reisen selbst.

Wer sich zum bewussten und sensiblen Unterwegssein entschlossen hat, will fremde Kulturen kennenlernen, will die Vielfalt der Landschaften und des Lebens auf unserem Planeten bestaunen, will Geräusche und Gerüche und Farben wahrnehmen, will die Elemente spüren, um den »inneren Rucksack« mit viel Neuem zu füllen, um Verlorengegangenes und innere Freiheit zurückzugewinnen oder um neue Einsichten hinter bekannten Kulissen zu entdecken – vielleicht im südlichen Italien, im orientalischen Marokko, im tierreichen Kenia, im fernen China oder im Norden Deutschlands. Solche Sehnsuchtsreisen, bei denen sich das scheinbar Unentbehrliche zumeist als verzichtbar erweist, sind immer auch ein Zugewinn an Erfahrungen und Lebensfreude, setzen zuweilen sogar den Prozess einer Selbstheilung in Gang.

Gleichwohl hat sich im Laufe der Jahrhunderte nicht nur unsere Reisesehnsucht verändert, auch das Unterwegssein von einem Ort zum anderen gestaltet sich vollkommen anders als zur Zeit Ferdinand Magellans, der vor bald fünfhundert Jahren aufbrach, um zu beweisen, dass unsere Welt nicht eine flache Scheibe, sondern rund ist. Er selbst wurde im April 1521 auf halbem Weg von philippinischen Eingeborenen erschlagen, aber eines seiner fünf Schiffe schaffte nach sechsunddreißig Monaten auf See die Heimreise nach Spanien. Heutzutage geht es per Flugzeug, Bahn oder Auto viel flotter. Die Klippe ist nur: Geist und Seele können dabei kaum Schritt halten. Und die Natur oder menschliche Begegnungen lassen sich nun mal nicht im Vorbeifahren – sozusagen »to go« – konsumieren. Auf beides muss man sich mit Leib und Seele einlassen. Nur dann hat das Reisen einen Sinn.

Jede Reisesehnsucht führt immer auch zu einer Entscheidung. Entweder: Ich könnte gehen, aber ich bleibe. Oder: Ich könnte bleiben, aber ich reise. Diese Freiheit der Entscheidung, die auch in unserer Zeit keinesfalls selbstverständlich ist, ist etwas Wunderbares.

ULAN-BATOR

Reise durch die Mongolei:
Vom Naadam-Fest in die Wüste Gobi

Reisen ist die Sehnsucht nach dem Leben.

KURT TUCHOLSKY

Unbeweglich stand die junge Frau mit gespreizten Beinen da. Sie war in die mongolische Nationaltracht gekleidet und trug einen Deel, einen langen bunten, taschenlosen Mantel aus Seide, der weit über die Knie reichte. Um die Taille hatte sie eine leuchtend grüne Tuchschärpe gewickelt. Ihre Füße steckten in schwarzen Mongolenstiefeln, den traditionellen Gutul. Ihr Kopf war mit einem zwiebelförmigen Hut bedeckt, den eine dünne Spitze zierte. Ihr linker Arm war weit ausgestreckt, die Hand hielt einen geschwungenen Bogen aus Horn. Mit der Rechten legte sie den aus Weidenholz und Geierfedern gefertigten Pfeil ein. Konzentriert zog sie in einer fließenden Bewegung die Sehne durch, spannte den Bogen zum Abschuss – und sirrend flog der Pfeil über eine Strecke von sechzig Metern in eine Wand übereinander gestapelter Körbe aus Schafdarm.

Ich befand mich im Land des Dschingis Khan, war Gast im Sportstadion von Ulan-Bator, der Hauptstadt der Mongolei. Jedes Jahr findet hier im Juli das Eriin Gurwan

Naadam statt, das viertägige Nationalfest der Mongolen, dessen Tradition bis weit in die Vergangenheit zurückreicht. Es ist eine Sportveranstaltung mit Ringkampf, Pferderennen und Bogenschießen. Das Wort Naadam bedeutet so viel wie Wettspiel. Seit Jahrhunderten treffen sich die besten Sportler des Landes zu diesem Event, um ihre Geschicklichkeit und Kräfte unter Beweis zu stellen.

Mein Interesse galt bei diesem Fest nicht so sehr den Mongolen-Cowboys, die auf galoppierenden Pferden, tief über die flatternden Mähnen gebeugt, dahinjagten; auch nicht den schwergewichtigen Ringkämpfern, deren Stiefelspitzen nach oben gebogen waren, um den Erdboden – das Antlitz Buddhas – beim Kampf nicht aufzureißen. Mein Augenmerk war vielmehr auf die Kunst der Bogenschützen gerichtet, an deren Wettkämpfen mittlerweile auch die mongolischen Frauen teilnehmen dürfen. Hierbei ist die Pfeilauflage, die Bogenspannung und die Visiereinrichtung nur die technische Voraussetzung, um ein Ziel treffen zu können. Entscheidend ist die Kunst der hohen Konzentration und des Sich-selbst-Vergessens. Es geht nicht nur um den perfekten Schuss, sondern um die Harmonie zwischen Bewusstsein und Unterbewusstsein, die viele Mongolen beherrschen. Es ist die Kunst des Zen – was so viel wie »Selbstversenkung« heißt –, die aus der Beherrschung einer geheimnisvollen Technik, eines geschickten Könnens und einem Zustand der Unbewusstheit erwächst. Eine Vollkommenheit, bei der Schützin oder Schütze mit allem eins ist.

Zen hat seine Bedeutung bei den Mongolen auch im Alltag, ist eine Art Lebensphilosophie. Denn nicht der Zwang führt zu einem besseren Ergebnis oder einem gelungenen Leben, sondern Beständigkeit, Gelassenheit und gelöstes

Verhalten. »Wenn dein Weg gut ist, auf dem du dich befindest, dann wird auch das Ergebnis deines Lebens gut sein«, sagte Noyan, ein vierzigjähriger Mongole aus Ulan-Bator. Ich hatte ihn im Restaurant meines Hotels kennengelernt, wo er aufgrund seiner guten Deutsch- und Englischkenntnisse als Guide arbeitete. Bei einem gemeinsamen Frühstück referierte Noyan mit großem Stolz über die Geschichte der Mongolei, wobei mir sein Wissen ebenso imponierte wie seine freundliche und lebenslustige Art. Im ganzen Land hatte er gearbeitet und keinen Job gescheut, was ich in seinem wettergegerbten Gesicht lesen konnte. Vor allem seine wachen Augen weckten mein Vertrauen. Und als ich fragte, ob ich ihn als Reisebegleiter gewinnen könnte, stimmte er sofort zu. So kam es, dass Noyan mich als Guide und Fahrer über viele Wochen im Geländewagen quer durch die Mongolei begleitete.

*

Ich war nach Ulan-Bator gekommen, weil die Hauptstadt der Mongolei und das Reich des Dschingis Khan schon seit Jahren auf meiner Sehnsuchtsliste stand. Doch schon bei der Ankunft bemerkte ich, dass ich nicht die Wahrheit in der Wirklichkeit, sondern vielmehr das Geheimnis und die Magie in dem Klang des Wortes Ulan-Bator suchte. Einmal mehr hatte ein bloßer Name mich in ein fernes Land gelockt. Und dieser Name hielt nicht so recht, was er mir an Verlockung versprach: Ich kam in eine Stadt mit riesigen Wohnsilos in Plattenbauweise, mit Mietskasernen und Lagerhäusern. Industriebetriebe folgten auf Kohlekraftwerke. Das Breschnew-Viertel, das die Sowjets einst gebaut hatten, war eine Trabantenstadt und alles andere als magisch oder geheimnisvoll, auf den Straßen herrschte reger Verkehr – Pkw und Lkw, zottelige Kamele und kurzbeinige Mongolenpferde. Und die Menschen? Meist stoisch gelassen trugen die Älteren die Nationaltracht, während die Jüngeren in neuzeitlichem Outfit gekleidet waren. Siebzig Prozent der Bevölkerung sind unter dreißig Jahre alt, und diese Jugend strebt zu Modernität nach westlichem Modell, will mit technischen Neuerungen ihr Land zur »Schweiz des Ostens« gestalten. Kein einfaches Unterfangen, denn jenseits der Städte sind die Mongolen noch immer ein Reitervolk, gibt es mehr Pferde als Menschen. Zudem trat erst nach Demonstrationen in Ulan-Bator im März 1990 das moskautreue Politbüro zurück und ebnete den Weg für freie Wahlen, Marktwirtschaft und Religionsfreiheit, sodass die Menschen wieder zu den wenigen Tempeln strömen konnten, die die Stalinisten übrig gelassen hatten. Auch die altmongolische Schrift wurde wieder auf die Lehrpläne gesetzt, nachdem die Sowjets dem Bruderstaat jahrzehntelang ihre kyrillische Schrift aufgezwungen hatten. Gleichwohl wird die Suche nach einer neuen Identität wohl noch lange von der Vergangenheit überschattet sein: vor allem von der Macht und der Größe des Dschingis Khan, der seinem Volk einst den Ehrentitel »Mongolen« gab, was »die Tapferen« bedeutet.

*

Die Tatsache, dass ein Leben zwischen Tradition und Moderne – nach dem erzwungenen Abdanken des Zentralkomitees der Revolutionären Volkspartei – größte politische und wirtschaftliche Schwierigkeiten mit sich brachte, nahm ich nicht nur in Ulan-Bator selbst, sondern auch am

Rand der Stadt wahr, wo sich viele Nomaden auf der Suche nach Arbeit in Jurten und einfachen Häusern niedergelassen hatten.

Erst jenseits dieses ausgedehnten Jurten-Rings, wo der Blick über sanft geschwungene, fast baumlose Hügel bis zu den Ausläufern des Chentij-Gebirges reichte, bekam ich eine Ahnung von der gewaltigen Größe dieses Landes, das die Mongolen so sehr lieben. Dort draußen, weit weg von Ulan-Bator und inmitten atemberaubender Urzeitlandschaften, fand ich jenes Zauberland, das Balsam für meine Sehnsucht war.

*

Mit der aufgehenden Sonne an einem himmelblauen Junitag hatte ich Ulan-Bator im Geländewagen verlassen. Es ging hinaus ins Weite. Erlebnishunger und Neugier auf Begegnungen beflügelten mich, während Noyan, mein mongolischer Guide und Dolmetscher, den Wagen lenkte. Unsere Reise führte kreuz und quer durch ein Land, das viermal so groß ist wie Deutschland, aber nur etwa drei Millionen Einwohner hat. Weit sind hier die Wege von Siedlung zu Siedlung, von Jurte zu Jurte, von Mensch zu Mensch. Und hier, wie konnte es anders sein, holten mich beim stetigen Unterwegssein – per Auto, zu Fuß oder mit dem Kamel – die Worte des mongolischen Schriftstellers Galsan Tschinags ein: »Unser Verhältnis zur Natur ist einfach anders. Ein Berg ist ein Berg, und wenn ich auf diesem Berg sitze, dann bin ich ein Stein und ruhe. Eine weitere Aufgabe habe ich nicht. Und wenn ich über die Steppe gehe, dann bin ich Gras, ich fühle, wie ich wachse oder verdorre, dufte oder raschle. Und wenn ich durch einen

Fluss gehe, dann bin ich Wasser, ich fließe. Diesen Gedanken kann ich auf andere Dinge auch übertragen. Mal bin ich Gletscher, mal Baum, mal Luft, immer bin ich Teil der Erde und des Himmels und dessen, was dazwischen ist.«

In diesem großartigen Dazwischen schnurrte unser Wagen über Asphalt oder holperte über Staub- und Sandpisten, die mit tiefen Schlaglöchern übersät waren. Am nervigsten waren die Schotterstrecken in den Bergen, wenn spitze Steine mal hierhin, mal dorthin sprangen und gegen die Karosserie schepperten. Jeder Kilometer wurde dann zu einer Geduldsprobe, die wir aber gerne hinnahmen, um in weltenferne Regionen zu gelangen, die grandiose Naturkulissen boten – so groß, so wild, so unberührt. Ich war mir sicher: Nirgendwo sonst konnten die Kontraste größer sein als in der Mongolei. Hier erlebte ich Taiga und Steppe, Seen und Flüsse, Vulkane und Gletscher, Gebirge und Wüsten – und immer wieder Landstriche, die so leer waren, das jede Jurte und erst recht jeder Anblick eines Menschen zu einer unübersehbaren Sensation wurde.

Vor allem die mongolische Steppe begeisterte mich. Sie ist so weit wie der Ozean. Eine Landschaft ohne Anfang und Ende. Wiesen, Hügel, Wasser und Himmel reichen von der sibirischen Taiga im Norden bis zu den Stein- und Sandwüsten der Gobi im Süden, vom »Becken der großen Seen« im Westen bis hin zur Chinesischen Mauer im Osten. Diese gewaltige Landschaft war vor allem Weite, in der der Wind unablässig umherstreifte. Er kämmte die Gräser, trieb spiralförmige Sandteufel durch die Täler, kräuselte die Oberflächen großer Seen und formte die Wolken am Himmel zu immer neuen Gebilden. Und hier, wo der Himmel auf die Erde fällt, erfüllt sich jede Sehnsucht nach Ruhe und einem einfachen, überschaubaren Leben.

*

Nach fünf Tagen im weiten Steppenland waren wir Gäste einer kleinen Jurten-Siedlung, in der fünfundzwanzig Menschen lebten. Drei Familien mit je fünf oder sechs Kindern. Für jeden Mongolen ist es ein Manko, nur ein oder zwei Kinder zu haben, denn Dschingis Khan war das vierte Kind seiner Eltern.

Zur Begrüßung gab es einige Schalen mit gesalzenem, heißem Milchtee und einem Klümpchen frischer Butter. Noyan dolmetschte, während ich gestenreich von meiner Reise durch die Mongolei erzählte – und von Deutschland. Ich zeigte Postkarten von Hamburg, reichte Bilder von Elbe, Hafen und Alster herum, vermittelte mit Händen und Füßen ein Stück Heimat und erntete schallendes Gelächter. Die Mongolen hören leidenschaftlich gern Geschichten, auch wenn sie mittlerweile abends meist still und stumpf vor dem Fernsehapparat sitzen, der auch inmitten der Steppe längst Einzug gehalten hat.

Am Nachmittag näherte sich der kleinen Zeltsiedlung ein Lastwagen – eine befreundete Familie kam zu Besuch. Gleich nach der Begrüßung machten sich alle daran, den voll bepackten Wagen zu entladen, um eine weitere Jurte zu errichten. Der eiserne Ofen wurde als Erstes von der Ladefläche gehoben, dann die Vorräte. Und während die Frauen einen Tee zubereiteten, entluden die Männer den Lkw, griffen nach langen Stangen, Scherengittern aus Holz, dicken Filzdecken und Möbeln, legten alle Teile auf den Grasboden, ehe mit dem Aufbau der Jurte begonnen wurde.

Seit frühester Zeit nennen die Mongolen ihr bewegliches Steppenheim *Ger*, Haus. Der Begriff Jurte, der vom türkischen *jurt* abstammt, bedeutet dagegen Zelt, Lagerplatz oder Wohnort. Chinesische Quellen datieren die erste mit Filz bedeckte Scherengitterjurte auf das 6. Jahrhundert nach Christus. Später beschrieben und zeichneten auch viele europäische Reisende die mongolische Jurte in ihren Veröffentlichungen, wobei besonders die großen, nicht zerlegbaren Palastjurten, die auf Räder gestellt und mit Zugtieren von einem Ort zum anderen transportiert wurden, faszinierender Blickfang waren. Doch auch im 21. Jahrhundert gilt vielen Mongolen noch immer das traditionelle Filzzelt als ideale Wohnstätte für das Leben in Steppe und Wüste. Denn das »zerlegbare Haus« ist leicht per Lkw oder mit Kamelen zu transportieren.

Das Errichten einer Jurte war für mich ein Erlebnis. Jeder Handgriff war eingeübt und von Generation zu Generation weitergegeben worden: Als Erstes errichteten die Männer das Grundgerüst; hölzerne Scherengitter wurden auseinandergezogen, zu einem Kreis zusammengestellt und mit Lederriemen oder Rosshaarleinen festgezurrt. Die vielen Holzlatten der einzelnen Scherengitter verband man mit kleinen Ledernägeln, deren winziger Kopf ein Auseinanderfallen verhinderte. Anschließend setzten die Männer die reich verzierte Tür zwischen zwei Gitterwänden ein; dies erfolgt immer an der Südseite, die bei den Mongolen als heilige Himmelsrichtung gilt. Hiernach wurden um die im Kreis stehenden Gitterwände mehrere Seile gespannt und an den Türpfosten befestigt. Lange Holzstangen wurden exakt in das Gerüst eingepasst, die den Dach- und Rauchkranz hielten, bevor zwölf wettergegerbte Hände das ganze Stützwerk mit Filz- und Leinenbahnen einpackten, verkleideten und mit fingerdicken Kamelhaarseilen verschnürten.

MONGOLEI: KOMPLEXE SANDDÜNEN DER GOBI WÜSTE
WIRKEN WIE DIE OBERFLÄCHE EINES ERSTARRTEN MEERES.

Nur drei Stunden dauerte das Aufstellen und Einrichten der Jurte, ehe aus dem Dach des weißen Rundzeltes ein Ofenrohr ragte, aus dem dünner Rauch aufstieg. Als die Dämmerstunde hereinbrach und rosaviolette Wolkenwellen am Himmel leuchteten, saßen Noyan und ich mit den Mongolen um ein knisterndes Lagerfeuer. Zeit zum Abendessen. Es gab würzige Hammelfleischsuppe mit Kartoffeln, Nudeln und Zwiebeln. Vor allem wurde reichlich Fleisch gereicht, denn seit alters her glauben die Mongolen, dass Fleischgerichte unerlässlich für die Gesundheit sind. Nach dem Hauptgang wurden Boorzog serviert, kleine fettgebackene Kuchen. Zur Verdauung füllte unser Gastgeber die Tassen mit Airag, vergorener und alkoholhaltiger Stutenmilch – das Nationalgetränk der Mongolen, wobei der Symbolwert der Milch ebenso geschätzt wird wie der des Fleisches, weil die weiße Farbe der Milch bei den Mongolen als Symbol der Reinheit gilt.

Bis spät in die Nacht hinein saßen wir unter dem nächtlichen Sternenhimmel im Kreis der Mongolen, die mir ein wunderbares Gefühl der Zugehörigkeit vermittelten. Im flackernden Schein des Feuers beobachtete ich all die Gesichter, die von Wind und Wetter so sehr geprägt waren. Ich lauschte den Gesprächen, hörte unbeschwertes Lachen und spürte jene bodenständige Lebenslust, die mir bestätigte, dass die angeblich so unentbehrlichen Konsumgüter der Zivilisation kein adäquater Ersatz für Weite und Freiheit sind. Schon in Ulan-Bator war mir in Gesprächen mit Einheimischen die Sehnsucht nach dem Jurten-Alltag aufgefallen, und wenn von Dschingis Khan gesprochen wurde, hatte das einen deutlich nostalgischen Klang. Als Relikt des Feudalismus wurde er jahrzehntelang verteufelt, weil seine Person mit den Machtverhältnissen in der

Mongolei nicht vereinbar war. Doch mittlerweile ist der legendäre Herrscher rehabilitiert und wird wieder verehrt, zum Kummer der Regierenden, die das neu erwachende Nationalgefühl der Mongolen ebenso fürchten wie die naturverbundenen Lebensformen der Nomaden, die viele für hoffnungslos rückständig halten und am liebsten abschaffen würden. Der traditionelle Lebensstil vieler Nomaden und Viehzüchter, der sich über Jahrhunderte in der Steppe entwickelt hat, ist jedoch viel zu eigenwillig, als dass ihre Welt in absehbarer Zeit Modernisierungen zum Opfer fallen könnte. Im Gegenteil: Trotz Industrialisierung, der Erschließung zahlreicher Bodenschätze und der stetig anwachsenden Fernsehwelle, die in die Weite der Steppe schwappt, werden Naturverbundenheit und kommerzielle Interessen im Land des Dschingis Khan kaum unter einen Hut zu bringen sein. Denn wer von Kindesbeinen an gelernt hat, im Draußen zu leben, alles zum Leben Notwendige selbst herstellt und bei seiner Identitätssuche niemals die Vergangenheit außer Acht lässt, der hat einen ganz anderen Zugang zu Erde und Himmel, wird sein Freiheitsgefühl wohl niemals gegen die Versuchungen der Neuzeit eintauschen, die so häufig Identitätsverlust, Arbeitslosigkeit und Misswirtschaft mit sich bringen.

Später lag ich mit Noyan und der gesamten Familie unseres Gastgebers in einer der Jurten im Schlafsack und horchte noch lange nach draußen. Hunde bellten, Schafe rupften nimmersatt am Gras, und der Wind rollte in Wellen über die Steppe. Ich liebe solche Nächte, in denen mir immer wieder klar wird, dass es keine größere Suche geben kann als die nach dem Sinn, nichts Wichtigeres als den Versuch, sich in die Zusammenhänge von Erde und Himmel einzufühlen.

*

Weiter. Im Nordwesten der Mongolei, fern von Ulan-Bator, erstreckt sich das Hochaltai-Gebirge, eine der längsten und höchstgelegenen Bergketten der Erde. Hier, wo die Natur himmelhohe Festungen und Tempel aus Stein schuf, wo sich gigantische Fels-Arenen mit übereinandergeschichteten Blockmeeren formten und zerklüftete Berghorste mit Gesteinspalästen wechselten, von denen einige unüberschaubar mächtig sind, wirkte alles fremdartig – und wir ließen uns dennoch voller Begeisterung darauf ein. Vielleicht, weil hier mythische Wesen in Felsen und Gipfeln wohnen sollen, ganz verborgen, aber spürbar; weil hier uralte Saurierkörper zu Stein wurden – oder weil man das deutliche Gefühl hatte, dass eine symbolische Botschaft in dieser urwüchsigen Landschaft verborgen liegt. Eine Botschaft, die den Geist aus den Fesseln des Körpers löst, um mit dem Wind zu entschwinden.

In diesem Naturgroßraum, der so schön war, dass es manchmal fast schmerzte, fiel es mir ganz leicht, mich beim In-die-Weite-Schauen in jene ferne Zeit zurückzuversetzen, als die Menschen zahllose Fabelwesen in das Altai-Gebirge projizierten. Im Angesicht von Schneebergen und Gletschern, fruchtbaren Tälern und kristallklaren Seen glaubten sie mythische Zusammenhänge zu erkennen, denen sie mit großer Ehrfurcht begegneten. Ganz ähnlich empfanden Noyan und ich, wenn wir die weißen Berggipfel sahen, die über viertausend Meter in einen strahlend blauen Himmel ragten; wenn wir durch weitläufige Gesteinsterrassen mit mannshohen Felsbrocken wanderten, die sich zu grandiosen Labyrinthen formiert hatten, oder wenn wir vor bizarren Gletscherkulissen standen, die vielleicht noch nie ein menschlicher Fuß betreten hatte. Alles wirkte irgendwie beseelt – beinahe so, als würden einsame Flussläufe, tiefe Schluchten und hohe Felsendome von Geistern oder Dämonen bewacht. Jeder Grat erschien uns als ein Thron der Götter. So etwa fühlte ich, als wir eine der zahllosen Passhöhen des Altai erklommen hatten und neben einem aufgetürmten Steinhaufen ausruhten. Owoo nannten die Einheimischen einen solchen Steinturm, aus dem Holzstangen und Astwerk ragten, an denen bunte Stoffstreifen im Wind flatterten. An diesen natürlichen Gedenkstätten, wo der Schamanismus den Niedergang des mongolischen Reiches überdauert hatte, werden noch heute den Berg- und Weggeistern Opfergaben dargebracht: ein Stein vom Wegesrand, ein farbiges Tuch, ein Stück Weißkäse, etwas Mehl, Hirse oder Tee. Auch wir dankten den hier niedergelassenen Geistwesen für die gelungene Reise, und baten um weiteren Schutz mit einem Gebet, einem Stückchen Brot, ein paar Steinen und einer dreimaligen Umrundung, während die zerschlissenen Stofffähnchen mit jedem Flattern ihren Segen in den Wind schickten.

*

Mein nächstes Sehnsuchtsziel lag im Süden der Mongolei: die Wüste Gobi. Der Name stammt aus dem Mongolischen und bedeutet »große Wanne« oder »flaches Becken«. Auch im 21. Jahrhundert gilt er noch immer als ein von den Verführungen des Unbekannten erfüllter Begriff, der auf der Landkarte einem ellipsenförmigen Körper von geometrischem Regelmaß gleicht, dessen mittlere Länge etwa zweitausend Kilometer misst. Fast genau in der Mitte

dieses grandiosen Naturgroßraums verläuft die mongo-
lisch-chinesische Staatsgrenze. Eine Trennungslinie auf
der Karte, die die Gobi in zwei Hälften teilt. Auf der mongolischen Seite wechseln blassgrünes Grasland und graubraune Steppe, die in gelbrote, nur von wenigen Oasen
unterbrochene Vollwüste übergeht. Im chinesischen Teil
erstrecken sich jahrmillionenalte Felsformationen, ausgedehnte Schutt- und Geröllebenen sowie riesige Dünenare-
ale, deren windmodellierte Sichelwogen eine Höhe von bis
zu dreihundert Metern erreichen.

Je tiefer Noyan und ich mit dem Geländewagen in die
Gobi vordrangen, desto intensiver wurden die visuellen
Eindrücke einer Landschaft, die sich in vielfältigen Formen und Farben präsentierte. Hier hatte die Stille ebenso
ihr Zuhause wie die brausenden Stürme, die immer wieder erdgeschichtliche Vergangenheit und deren Millionen
Jahre alte Zeugnisse freilegen, denen man vielerorts be-
gegnet. So auch in den roten Felsklippen von Bajandsag,
nordwestlich der 17 000-Einwohner-Stadt Dalandsagdad,
wo im Herbst 1923 die »Asiatic Expedition« des Ameri-
can Museum of Natural History – unter der Leitung von
Roy Chapman Andrews – Unmengen von Dinosaurier-
knochen entdeckte. Diese spektakulären Funde offenbarten einen Blick in jene ferne Urzeit, als sich im Gebiet der
heutigen Gobi noch viele Seen und Flussläufe erstreckten, ein tropisches Klima mit üppiger Vegetation herrschte
und Krokodile, Schildkröten, viele Fischarten und ver-
schiedenartige Dinosaurier lebten.

Vor beinahe hundert Jahren waren die amerikanischen
Wissenschaftler von Chinas Hauptstadt Peking mit Kamelen in den Süden der Mongolei gereist, wo sie einen »pa-
läontologischen Garten« mit mehr als hundert Skeletten

des bis zu zwei Meter großen Hornsauriers fanden, der zur Gattung der Protoceratops zählt. Eine Saurierart mit Papageienschnabel, die in der Oberkreidezeit lebte. Überdies kamen mehrere Gelege mit versteinerten Dinosaurier-Eiern zutage, die mehr als siebzig Millionen Jahre alt waren, wobei in einem der bis zu zwanzig Zentimeter langen, walzenförmig-elliptischen Kalkschaleneier sogar Skelettreste eines Embryos steckten. Eine Sternstunde der Urzeitforschung.

Zum Sonnenuntergang wirkten die roten Felsklippen von Bajandsag wie glühende Kegel. Ein grandioses Amphitheater, in dem bizarre Gesteinsformationen in magischen Farben leuchteten. Nach vielen Wochen in der Mongolei hätte mich eigentlich nichts mehr überraschen sollen. Doch diese mächtigen, in Jahrhunderten von unbarmherzigen Erosionskräften geschaffenen Felsskulpturen, die mir im flammenden Dämmerlicht wie verzauberte Türme und seltsame Tempel erschienen, waren so phantastisch, dass meine Blicke immer wieder mit kindlicher Freude über diese Kulissen eines Science-Fiction-Films wanderten. Kein Erdkundebuch könnte die Geologie so anschaulich darstellen wie dieser Anblick und ein Besuch dieser Region.

Am Abend desselben Tages, als meine Sinne von den vielfältigen Eindrücken total überfüttert waren, saß ich mit Noyan lange vor dem Zelt. Sterne, Lagerfeuer und heißer Tee vermittelten ein Wonnegefühl, während mein mongolischer Begleiter vom Leben in der Gobi erzählte, das bis ins Paläolithikum, die Altsteinzeit, zurückreicht. Ich erfuhr, dass indoeuropäische Völker und vor allem nomadische Turkstämme zu den frühesten Bewohnern der zentralasiatischen Wüste zählten. Sie profitierten von den günstigen

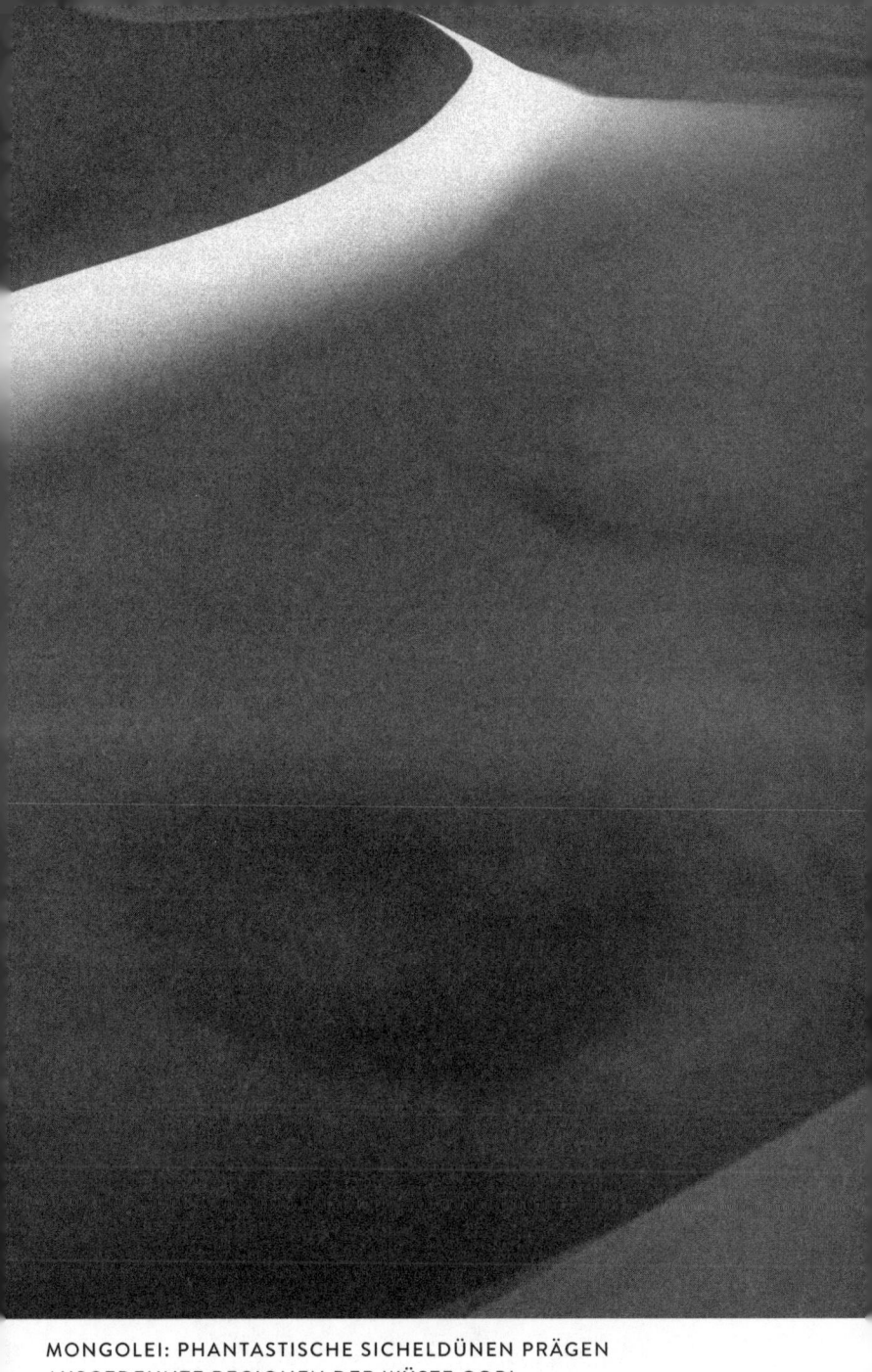

MONGOLEI: PHANTASTISCHE SICHELDÜNEN PRÄGEN
AUSGEDEHNTE REGIONEN DER WÜSTE GOBI.

geologischen Bedingungen dieser Gegend: Seenplatten, Grundwasservorkommen und weite Grasebenen. Doch ein einheitliches Wüstenvolk hat es nie gegeben. Vielmehr setzten sich die Nomaden der Gobi aus einer Vielzahl von Völkern zusammen, die in kleinen Gruppen verstreut lebten oder in winzigen Oasen, in denen sie wohldurchdachte Bewässerungssysteme anlegten, um die Wirtschaftlichkeit dieses Extremlandes zu verbessern. Mit der Geographie und anderen Gegebenheiten dieser Region waren sie bereits vertraut, noch ehe das Abendland von der Gobi eine Ahnung hatte.

Zweifelsohne zählten die Tage in der Gobi-Wüste für mich zu den schönsten Erlebnissen in der Mongolei. Das mag sicherlich an den urwüchsigen Landschaften liegen, die einen wahrhaft schwindelerregenden Naturgroßraum bildeten. Schon am Morgen, wenn Noyan und ich aus dem Zelt traten, zeichneten sich die vielfältigen Szenerien kontrastreich gegen den mit Wolkenschleiern durchzogenen, blassblauen Himmel ab. Manchmal glich diese Wildnis einer geheimnisvollen Phantasiewelt. Und je länger wir in dieser weltentrückten Gegend unterwegs waren, von der die Nomaden viel Wunderliches erzählten, desto mehr provozierte diese große Verlassenheit und die Wahrnehmung der Leere, die etwas Unberührtes und beinahe Magisches hatte, meine Sinne. Diese ozeangleiche Endlosigkeit kühnster Naturerscheinungen vermittelte mir ein herrliches Gefühl unbeschwerter Seligkeit und machte mir immer wieder auch meine eigene Winzigkeit bewusst.

So kam es, dass ich mich auf den schlangenförmigen Dünenstaffeln der »singenden« Khongoryn Els, die mit bis zu hundertachtzig Kilometern längste vegetationslose Sanddünenkette der Mongolei, wie eine Ameise fühlte.

DIE GESICHTER VIELER MONGOLISCHER FRAUEN SIND VOM NOMADISIERENDEN LEBEN IN EXTREMEM KLIMA GEPRÄGT.

Herrlich war hier die Ruhe beim stetigen Gehen im Sand, wenn nichts vom Erleben des Augenblicks ablenkte und die Bedeutung und Schönheit in den geringsten Dingen zutage kam: ein farbiger Kieselstein, ein bizarrer Strauch, ein einzelner Baum. Geheimnisvoll waren dann auch die Stimmen des Windes, die zwischen den wandernden Dünen ein melodisches Summen erzeugten. Unvergesslich die Momente der Abenddämmerung, wenn die sinkende Sonne die Wüste mit leuchtend-intensiver Farbenpracht überflutete. Und schließlich die zauberhaften Nächte, wenn ich im Schlafsack lag und der Blick bis zu den kristallklaren Sternen und hinein in die Unendlichkeit reichte. Das waren Augenblicke, in denen ich mich geborgen und mit allem eins fühlte. Momente, in denen man erfasst: Die Erde gehört niemandem; sie gehört sich selbst. Wir sind nur ihre temporären Bewohner.

UBAR

Reise durch den Oman:
Von Maskat zum Atlantis der Wüste

Wer die Wüste nicht kennt
und ihren Atem nie gespürt hat,
wird ein Leben lang erfüllt sein von Sehnsucht.

ARABISCHES SPRICHWORT

Als ich vor mehr als vierzig Jahren zum ersten Mal in einer Wüste wanderte, war das eine überwältigende Erfahrung. Ein Gefühl von Freiheit für Geist und Körper beflügelte mich. Psyche und Körper wurden von Stille, Weite und Einsamkeit nicht nur positiv beeinflusst, sondern regelrecht »umprogrammiert«. Logik und Wissen, die in unserer übertechnisierten Wirklichkeit so wesentlich sind, verloren ihre Bedeutung. Stattdessen dominierte ein heftiger Strudel wunderbarer Empfindungen, die mein Gehirn kräftig durchspülten und den ganzen Alltagsballast davonwirbelten. Ich fühlte mich losgelöst und befreit – und die wüste Gegenwart ließ alles, was ich zuvor erlebt hatte, verblassen.

Die Erinnerung an jenen Ort, an dem ich erstmals über ein Sandmeer schaute, habe ich bis heute fotografisch im Gedächtnis behalten: Im Süden Marokkos, jenseits der Oasenstadt Rissani, erstreckten sich unter einem schier grenzenlosen Himmelsblau windmodellierte Sandwellen bis zum Horizont, formschöne Dünenketten wirkten wie die Oberfläche eines aufgewühlten, erstarrten Meeres. Sandwogen von unglaublicher Schönheit wechselten mit verschachtelten Dünentypen, die wie elliptische Halbmondkurven aussahen. Da zogen unzählige Sandzöpfe sich endlos kreuzend und ineinanderlaufend dahin, erschienen mächtige Sandrücken mit kunstvollen Rippeln wie gefrorene Wellen.

Ich stand auf dem Grat einer hohen Düne, und mein Blick reichte bis zu jenem Punkt, wo Sand und Himmel ineinander übergingen. Im Angesicht dieser übermächtigen Naturweite fühlte ich mich so klitzeklein und unbedeutend und dachte – ja, was?

Wahnsinn?

Glück?

Ich dachte nichts – doch mir war klar: Diese Wüste wird mich nie mehr loslassen! Zu phantastisch waren die Eindrücke, die mir die Wüste vermittelte. Ich war schlicht überwältigt und vermied jedes Wort und alles, was den Zauber dieser atemberaubenden Stille zerstört hätte.

Ich wusste einfach, dass ich immer wieder in die Wüste zurückkehren würde, um zwischen endlosen Horizonten zu wandern und zu leben. Die unwirtlichen, einsamen Landschaften der Wüste, die so viele Emotionen auslösen – von rauschhaften Glücksgefühlen bis zu abgrundtiefer Angst –, waren für mich auf Anhieb der Sehnsuchtsort schlechthin. Vielleicht trägt jeder Mensch irgendwo einen solchen im Herzen. Wir müssen uns nur aufmachen, um ihn zu finden.

Gleichwohl gilt die Wüste vielen Menschen der nördlichen Hemisphäre als Inbegriff von Lebensfeindlichkeit.

Nirgendwo sonst auf der Erde herrschen bis heute die Ur-
kräfte der Natur so elementar. Tagsüber unglaublich heiß,
wird es nachts empfindlich kalt. Extreme Erosionskräfte
sorgen für stetigen Wandel. Eine Welt aus wandernden
Sanddünen, hochglanzpolierten Felsformationen, ausgedehnten Geröllebenen und staubgefüllten Becken, die sich
durch Selbstorganisation und naturgegebene Ordnung er-
hält. Heiße Winde, geringe Luftfeuchtigkeit und großer
Wassermangel stellen für Pflanzen und Tiere extreme Herausforderungen dar. Eine Region, die für Menschen nicht
gemacht ist. Und dennoch gilt die Wüste als ein Ort der
Kontemplation, in den sich Menschen zur Besinnung zu-
rückziehen. Ein Ort der Sehnsucht.

Nichts hat mein Leben so sehr geprägt und verändert
wie das Unterwegssein in den Wüsten. Jeder Aufbruch in
die Welten aus Sand und Stein war zugleich auch ein Reisen durch Raum und Zeit, denn jede Wüste gleicht einem
erdgeschichtlichen Tagebuch. Und wenn ich alle meine
Touren und Expeditionen zusammennehme, habe ich
mehr als fünf Jahre in den faszinierenden Einöden ver-
bracht, wo ich in den einsamsten Ecken der Erde erstaun-
liche Erkenntnisse sammeln konnte, was ich in der Hek-
tik und im Lärm der heimischen Zivilisation niemals hätte
tun können.

Oft war ich allein unterwegs, hin und wieder mit Nomaden oder meinem Sohn Aaron, der als Kameramann
und Fotograf mittlerweile auch vom Reise- und Wüsten-
fieber infiziert ist. Vor allem die Begegnungen mit den unterschiedlichsten Wüstenbewohnern, mit denen ich ein
bescheidenes Leben teilte, indem ich mich – reduziert auf
das Wesentliche – an ihre traditionellen Lebensumstände
anpasste, erfüllte meine Sehnsucht nach einem archai-

schen und überschaubaren Leben, das mir die Erkenntnis vermittelte, dass man sich vorbehaltlos auch anderen Kulturen verwandt fühlen kann.

Beim Zusammenleben mit den Nomaden sowie beim Unterwegssein mit Beduinen, Tuareg, Turkana, Samburu oder Uiguren erlebte ich nicht nur ihre Mentalitäten, sondern lernte auch die »kleinen Dinge« des Lebens wieder neu schätzen. Ich begriff, was wirklich wesentlich und unerlässlich ist: der Respekt vor Andersdenkenden, Genügsamkeit und Hilfsbereitschaft, lebensbejahende Heiterkeit und selbstlose Gastfreundschaft, Dankbarkeit und Demut, ein Gespräch am wärmenden Lagerfeuer, ein Fladen Brot und sauberes Wasser. Vor allem das kostbare Nass gilt den Nomaden in der Wüste als heilig. Und jede noch so bescheidene Wasserstelle wird als Auge Gottes bezeichnet.

Ebenso beeindruckt hat mich das Vertrauen vieler afrikanisch-arabischer Wüstenbewohner gegenüber ihrem meist sehr harten Schicksal, das sie mit nur einem Wort erklärten: Mektub – »Alles steht geschrieben!«

Je häufiger ich im Laufe der Jahre durch die wüsten Weiten reiste, desto mehr erkannte ich auch den Sinn eines alten arabischen Sprichwortes: Der Weg zur Macht führt durch die Paläste. Der Weg zum Reichtum durch die Basare. Der Weg zur Weisheit aber führt durch die Wüste.

*

Achtundzwanzig Wüsten der Erde hatte ich bislang zu Fuß oder per Kamel bereist, als ich mich intensiv für ein Land interessierte, das ich noch nicht kannte, und das zu über neunzig Prozent seiner Fläche aus Wüste besteht. Der Oman: geheimnisvolles Sultanat an der Südostspitze

OMAN: DIE MÄNNER TRAGEN KNÖCHELLANGE DISHDASHAS,
DAS TRADITIONELLE GEWAND, UND FARBIGE TÜCHER,
DIE ZU TURBANEN GEWICKELT SIND.

der Arabischen Halbinsel, das sich lange Zeit gegen jeden westlichen Einfluss wehrte. Ein Land, so reich an Abenteuer, Wildheit und Rätsel, dass Karl May daran sicher seine Freude gehabt hätte, und ein Land voller Legenden – die Königin von Saba soll hier einen Palast und Sindbad der Seefahrer seinen Heimathafen gehabt haben. Und im Süden des Sultanats, unweit der Grenze zum Jemen, die wiederentdeckten Überreste einer sagenumwobenen Stadt namens Ubar, einst reiche Metropole an der Weihrauchstraße.

Lange Zeit galt Ubar als das Atlantis der Wüste, denn nach ihrem Untergang war die »Stadt der Düfte«, die im Koran als unvergleichlich gepriesen wird, jahrhundertelang unter dem Sandmeer der arabischen Rub-al-Khali-Wüste verschollen.

Dorthin wollte ich – in den Oman, zum Atlantis der Wüste. Ein langgehegter Wunsch, der nach Erfüllung drängte.

*

Meine Reise durch den Oman begann in Maskat. Begleitet wurde ich von Carsten Westphal, Archäologe und Künstler, der sich seit Jahren mit der antiken Geschichte Arabiens beschäftigte, und meiner Frau Rita, die sich um die Ausrüstung, Verpflegung und das Kartenmaterial kümmerte. Wir hatten uns sorgfältig vorbereitet und alle Visa und Genehmigungen besorgt, um im ganzen Land ungehindert umherreisen zu können. Doch der erste Eindruck war ernüchternd. Maskat, die heißeste Hauptstadt der Welt, vermittelte nicht das orientalische Flair, das wir uns erhofft hatten. Umstellt von einem schroffen, steilen Felskessel, erstreckte sich die »Capital Area« am Golf von Oman über fünf Städte, die nach unterschiedlichen Funktionen aufgeteilt waren. Mit hochmodernen Urbanisationen sah Maskat wie jede andere neuzeitliche Großstadt aus. Riesige Wohnblocks, nüchterne Bürohäuser und peinlich gepflegte Prunkpaläste wechselten mit klimatisierten Einkaufszentren, sechsspurigen Asphaltstraßen und einer neuen Moschee, die 25 000 Menschen Platz bot. Niemals zuvor hatte ich eine so saubere Stadt gesehen. Jedes Haus, jede Tür, jeder Zaun war gestrichen; jedes Gitter, jeder Türknauf, jedes Auto blitzblank poliert. Nirgendwo Müll in den Rinnsteinen, selbst die Straßen waren gefegt. Was fehlte, war die orientalische Patina eines natürlich gewachsenen Alltagslebens. Dafür war der weise Herrscher – Sultan Qabus Ibn Said – allgegenwärtig. Sein Bild hing in Ladengeschäften und jedem öffentlichen Raum, sein Porträt blickte von Hausfassaden, Pick-ups und Zeitungen.

In einem Zeitraum von nur vierzig Jahren war es Sultan Qabus gelungen, den Oman aus dem Mittelalter in die Neuzeit zu führen. Er formte das Land mit einer radikalen Umorganisation zu einem relativ weltoffenen Staat und geizte dabei nicht mit dem Reichtum seiner neu erschlossenen Ölfelder, die den Petrodollar ins Rollen brachten: Er ließ Schulen, Krankenhäuser und ein Straßennetz von rund sechzigtausend Kilometern bauen (die Hälfte davon asphaltiert), schenkte vielen Fischern ein Boot und ein Auto, damit sie ihren Fang auf die Märkte bringen konnten, verordnete einen neuen arabischen Baustil, der sich mit Verzierungen und Zinnen der alten Tradition anzupassen hatte. Zudem gelangten elektrisches Licht, Radio und Fernsehen in die neuen Häuser, Unternehmen aus aller Welt eröffneten Niederlassungen, Ausländer kamen

OMAN: MEHR ALS 1500 JAHRE LAGEN DIE RUINEN
VON UBAR, DAS »ATLANTIS DER WÜSTE«, UNTER
DEM SAND DER RUB AL-KHALI VERBORGEN.

und blieben: Inder, Pakistaner, Ägypter oder Europäer – und unverschleierte Frauen fahren mittlerweile Auto und studieren, leiten Ministerien und Unternehmen.

Doch das Erstaunlichste ist wohl die Entwicklung einer religiösen Strömung, die den Oman zu einer Besonderheit unter den islamischen Ländern macht. Weit mehr als die Hälfte der Omaner sind Anhänger des Ibadismus, einer liberalen Version des Islam, die dem Land große Offenheit und religiösen Pluralismus gewährt. Ein friedvoller Gegenentwurf zu den Glaubensvorstellungen mancher Schiiten und Sunniten.

Die Neuzeit begann für den Oman am 23. Juli 1970, als der dreißig Jahre alte Prinz Qabus seinen despotischen Vater entmachtete und in einem Flugzeug ins Exil nach England schickte. Bis dahin galt der Oman als eines der rückständigsten und isoliertesten Länder der Erde. Geprägt von unterschiedlichen Stammesgesellschaften herrschte damals Bürgerkrieg, und Sultan Said Ibn Taimur hatte seit 1932 wie ein Feudalherr im tiefsten Mittelalter über fast eine Million Menschen geherrscht. Unter seinem Schreckensregime verschwanden Widersacher, ohne angehört zu werden, in den berüchtigten Kerkern der Jalali-Festung, durfte es weder Schulen noch Telefon, Rundfunk, Fernsehen, Autos und Fahrräder geben. Musik, Tanz und das Tragen von Sonnenbrillen und westlicher Kleidung waren ebenso verboten wie die Reparatur baufälliger Häuser. Es gab keinen Strom und keine Kanalisation. Bei Sonnenuntergang wurden die Tore der Städte geschlossen, sodass jeder Omaner, der zu spät kam, die Nacht vor den verriegelten Pforten verbringen musste. Und an seinem Hof hielt der Despot ein ganzes Heer von Sklaven, die er gelegentlich wie Pferde vor seine Prachtkarosse spannte, um sich darin durch seine Palastanlage und über die gerade mal zehn Kilometer lange Asphaltstraße ziehen zu lassen.

Selbst seinen Sohn Qabus Ibn Said, der mit sechzehn Jahren zur Schulausbildung sowie zum Studium nach England ging und vier Jahre später als Offizierskadett in die Militärakademie Sandhurst eintrat, hielt er – nach dessen Rückkehr in den Oman – wie einen Gefangenen. Jahrelang stand der aufgeschlossene und modern denkende Sohn unter strengem Hausarrest im Palast von Salala, bis er schließlich mit einer Schar Anhänger den Palast stürmte und seinen tyrannischen Vater zwang, die Abdankungsurkunde zu unterschreiben.

Nach dessen Entmachtung ging es steil aufwärts im Oman. Innerhalb weniger Jahre führte Sultan Qabus ibn Said sein Land nicht nur zum Frieden, sondern auch zu gesellschaftlicher und wirtschaftlicher Erneuerung. Es war die schnellste Modernisierung eines Landes, die es je gab.

*

Wir verließen Maskat im Geländewagen, der beladen war mit allem, was für eine mehrwöchige Reise in die einsamen Regionen des Oman nötig war. Auf einer asphaltierten Straße durchquerten wir das westliche Hadschar-Gebirge und folgten dem Wadi Sumail, das die wilde Bergwelt regelrecht zerschnitt. Seit Jahrhunderten nutzten die Beduinen das mehr als hundert Kilometer lange Trockenflusstal, das das Bergland schluchtartig zerschnitt. Dieses Wadi, zu dem die Fahrbahn heute parallel verläuft, galt einst als wichtige Durchgangspforte von der Küste ins Landesinnere. Das Tal ist über viele Kilometer mit tiefgrünen Palmenwäldern bewachsen, in deren Schatten Mangos und Limonen wachsen. Die Bewässerung der Felder und Terrassen erfolgt durch uralte unterirdische Kanäle, die das Regenwasser aus den Bergen sammeln.

Westlich der Straße ragte der über zweitausend Meter hohe Jebel Nakhl empor und im Osten erstreckten sich die dunklen, fast schwarzen Hadschar-Bergketten. Steil abfallende Klippen oder schroffe, kahle Felsriesen, die eine dramatische Naturkulisse bildeten.

Wir passierten die wie an einer Perlenschnur aufgereihten Oasendörfer Fanja, Bidbid, Samail, Manal und Izki, sahen Lehmwohnsiedlungen mit jahrhundertealten Wehrmauern oder eine auf hohen Felsen thronende Festung. Und immer wieder ehemalige Wachtürme auf einsamen Bergkuppen, ehe wir nach Nizwa kamen. Die heilige Stadt der Ibaditen war von zahllosen Plantagen mit Dattelpalmen, Bananen, Mangos, Zitronen und Zuckerrohr umgeben. Überragt wurden die schattigen Gassen der ehemaligen Hauptstadt des Oman, deren Gründung auf das 6. Jahrhundert nach Christus zurück reicht, von der leuchtend blau-goldenen Kuppel der Sultan-Qabus-Moschee und dem vierundzwanzig Meter hohen Wehrturm einer Festungsanlage. Über eine enge Treppe stiegen wir den runden Turm hinauf, der aus dem 17. Jahrhundert stammt. Der Ausblick durch die oberen Zinnen war grandios und unvergesslich: das Gassen-, Straßen- und Häusergewirr von Nizwa, die umliegenden Oasen, die Berge, die Palmenhaine. Alles zusammen eine Farborgie in Grün, Braun, Ocker, Blau und Gold.

Das Eintauchen in die Souks war wie ein Streifzug durch die Vergangenheit des Orients und eine Wallfahrt für die Sinne: verwirrende Düfte und ein heilloses Stimmengewirr, kleine Läden und unzählige Verkaufsstände, Kontore und

Werkstätten. Hier Dolchschmiede, Parfümeure, Schuhmacher und Schleierfärber, dort Kalligraphen, Buchbinder, Bäcker und Käppchen-Schneider. Überall verführerische Angebote: Gewürze, Süßwaren und andere kulinarische Spezialitäten, farbenprächtige Decken, Rosenwasser und getrocknete Skorpione oder Schlangen, die Apotheker als Heilmittel feilboten. In jeder Gasse warben Jung oder Alt um Gunst und Geld, jedoch lange nicht so aufdringlich, wie ich es in den Maghreb-Staaten erlebt hatte.

Die meisten Männer trugen knöchellange weiße Dishdashas, das traditionelle Gewand der Omaner, und leuchtend farbige Tücher, zu Turbanen gewickelt, oder eine bestickte Kappe. Die Frauen, die nur selten verschleiert waren, schritten in auffällig bunten Kleidern dahin. Besonderer Blickfang war ihr kunstvoller Silberschmuck, der als Armreif, Kette oder Nasenring getragen wurde. Das Kunsthandwerk hat im Oman große Tradition, und Nizwa ist seit alters her berühmt für seine Silberschmieden. Selbst der Khanjar, ein Krummdolch, den viele alte Männer im Gürtel trugen, war mit reinem Silber verziert.

*

Es war noch früh am Morgen, als wir Nizwa verließen, der Bergwelt des Hadschar den Rücken kehrten und einem Asphaltband gen Süden folgten, das über fast neunhundert Kilometer durch die ausgedehnten Steppen- und Wüstenregionen des Oman bis zum Arabischen Meer führte. Wir wollten ins Weihrauchland Dhofar, die südlichste Provinz des Sultanats und ein nur schwer zugänglicher Landstrich mit extremem Klima. Diese weltentlegene Region bescherte dem Oman unermesslichen Reichtum, denn von dort stammt seit Jahrtausenden die weltbeste Qualität des göttlichen Harzes. Dort wächst der Weihrauchbaum, aus dessen angeritzter Rinde ein weißer duftender Saft herausquillt, den viele Menschen in fernen Ländern begehren. So entstand bereits in der Antike die Weihrauchstraße, die zweitgrößte Handels- und Kulturbrücke zwischen Orient und Okzident, deren verzweigtes Wegenetz nach Ägypten, Mesopotamien oder in die mediterrane Welt führte. Der Handel mit dem legendären Duftstoff war die Grundlage für die sagenhafte Blüte südarabischer Städte und prägte die Menschen des Altertums im Oman, die ihr Weihrauchland seit undenklichen Zeiten vor Übergriffen benachbarter Völker zu schützen wussten, indem sie Schauergeschichten rund um ihren kostbaren Landstrich streuten. In der damaligen Welt kursierten nicht nur bedrohliche Berichte über ein heiliges Land, das von den Göttern geschützt wurde, sondern auch Schilderungen von feuerspeienden Schlangen, die im Astwerk der Weihrauchbäume saßen und jeden Fremden angriffen. Derartige Gerüchte wirkten nicht nur abschreckend, sondern verteuerten auch das duftende Baumharz, dessen Verkauf zu dem Begriff »Arabia Felix« führte – Glückliches Arabien. Dabei war es nur ein botanischer Zufall, dass im Süden Arabiens ein Baum in großer Anzahl wuchs, der weder verpflanzt noch gezüchtet werden konnte, und dessen erstarrte und transparente Harztropfen in der Antike »Tränen der Götter« genannt wurden.

Stunde um Stunde rollten wir durch eine Trockenebene, die größtenteils aus Kiesflächen bestand. Hamra al-Duru hieß diese Ödnis – eine baum- und strauchlose Weite mit bräunlichen Geröllhügeln, die weiter im Süden in die Jiddat al-Harasis überging, benannt nach dem hier lebenden

Beduinenstamm der Harasia. Sie ist mit mehr als 27 000 Quadratkilometern die größte Wüste des Oman, die mit jedem Kilometer einsamer und verlassener wurde. Hier, wo Himmel und Erde am Horizont ganz weich ineinander übergingen und die Luft in der Mittagshitze flirrte, zogen einst die schwer beladenen Weihrauchkarawanen gen Norden, durch eine mondähnliche Region mit grandiosen, kreideweißen Kies- und Steinebenen, in der vereinzelt auch Gazellen, Steinböcke und Wüstenfüchse leben.

Stur geradeaus führte die Straße, während die platte Landschaftskulisse eine kaum zu überbietende Monotonie zur Schau stellte. Diese sich stetig wiederholende Gleichförmigkeit ist es, die ich so sehr mag. Es ist die Ereignislosigkeit der Weite, die mich in Bann zieht, die den Blick auf das eigene Ich schärft und schließlich ungeahnte Erkenntnisse sowie Antworten auf existenzbewegende Fragen vermittelt.

Im Westen ging das faszinierende Ödland Jiddat al-Harasis über in die Rub al-Khali, die größte Sandwüste der Erde. Sie erstreckt sich mit einer Fläche von 780 000 Quadratkilometern über vier arabische Staaten und ist damit weitaus größer als Frankreich. Eine entlegene Region, in der mehr als zwanzigtausend Kubikkilometer Sand liegen; mehr Sand als an irgendeiner anderen Stelle der Welt – sogar mehr als in der Sahara, die, obwohl sechsmal größer, auch viele weiträumige Berg- und Geröllregionen aufweist. Von Mai bis Oktober steigen die Temperaturen in der Rub al-Khali auf über 50 Grad Celsius. Bis auf 80 Grad können sich dann die Sandflächen erhitzen und versengen so alles, was sich darauf bewegt. Kein Mensch lebt hier. Es ist ein leeres Land, das bereits frühe arabische Karawanenführer Rub al-Khali, »Leeres Viertel«, nannten. Seinerzeit, so glaubten die Beduinen, bestand die Hälfte der Welt aus Ozeanen, die für sie mythische Weiten waren. Das Land, das sie bewohnten, die kühleren Ebenen sowie die hügeligen Küstenlandstriche an den Rändern der Arabischen Halbinsel, bildete ein weiteres Viertel. Und das öde Land mit nicht enden wollenden Sandbergen und immerwährender Sonne, wo die Kamelherden der Nomaden keinerlei Futter fanden, nannten sie »Leeres Viertel« – Rub al-Khali.

Weiter gen Süden passierten wir Al Ghabah, Mafrag, Haima, Al Ghaftain und Muqshin. Kleine Ortschaften mit Tankstelle, Hotel, Rasthaus, Restaurant und einigen Einkaufsläden. Dann wieder kreuzten Kamele den gottverlassenen Asphalt-Highway, während die Sonne ohne Unterlass aufs Autodach knallte. Links und rechts dehnten sich weißsandige, schotterbeladene Unendlichkeiten und über allem ein Himmelssehnsuchtsblau, ewig weit und ohne eine Wolke. Beim Blick in die Weite konnten wir die Punkte in der Ferne nicht scharf fixieren. Und durch das Flirren der Hitze erschienen uns die Luftspiegelungen wie weißblaue Seen. Kaum zu sagen, wo die Wüste aufhörte und der Himmel anfing.

Wenn sich die Dämmerung ankündigte, verließen wir die Straße, fuhren in die Wüste und suchten einen geeigneten Lagerplatz. Allabendlich das sich wiederholende Ritual: Zelte aufbauen, Feuer machen, Essen zubereiten. Meist gab es Gemüsesuppe mit Reis und dazu Brot und Obst als Dessert. Unterdessen legte die Sonne ihre schönsten Lichtschleier über die Weite und versank in einer Orgie von Farben. Mit dem Einfall der Nacht lagen wir im Freien auf unseren Isomatten, zugedeckt nur mit weißen Dschellaba-Tüchern, und bestaunten ein weiteres grandioses Schauspiel am Himmel: Da breitete sich ein unendliches Sternenmeer aus, schossen Sternschnuppen mit leuchtendem Schweif durch das All. Bilder ohnegleichen.

Jeden Tag brachen wir in aller Frühe auf, tauchten in das gleißende Morgenlicht ein und folgten weiter und weiter dem schier endlosen Asphaltband, auf dem uns gelegentlich vollbeladene Pick-ups oder Lkw entgegen kamen, die in der Ferne Hitzewellen vor sich herschoben und in der Sonne blitzten. Noch bevor die Fahrzeuge mit dumpfem Getöse an uns vorbeirauschten, wichen wir schleunigst aus, verließen den Teerbelag und gingen in Deckung – vor dem enormen Luftzug, dem Steinschlag und der Staubwolke. Die Erde schien zu vibrieren. Am Lenkrad saßen meist baumstarke Asphaltbeduinen, die mit ihrer Fracht Woche für Woche zwischen Maskat und Salala unterwegs waren, vom Omanischen Golf zum Arabischen Meer. Eine Strecke von tausend Kilometern.

Wenn das Benzin zur Neige ging und wir die nächste Tankstelle anfuhren, trafen wir dort auf den einen oder anderen Fahrer. Bei Kaffee mit Kardamom, einer Flasche Mineralwasser und feinstem Fleisch vom Grill – Rind, Lamm und Ziege, die Lieblingsspeise der Omaner – saßen wir dann zusammen und kamen ins Gespräch. Manch einer entpuppte sich dabei als Einsamkeitsenthusiast und sprach von dem guten Geld, das man für eine Transporttour durchs Land bekam. Andere erzählten von ihren Familien, von Freiheit und dem Gefühl des Fahrens, wie es früher wohl die Seeleute oder Nomaden hatten. Tolle Kerle mit derben Sprüchen und dem Herzen auf der Zunge.

Am vierten Tag verließen wir die Asphaltstraße und fuhren auf holpriger Sandpiste nach Westen, um in die Rub al-Khali vorzudringen. Gleißend weiße Trockenebenen, unüberschaubar weit hingestreckt, wechselten mit windgeformten Ablagerungen, die kamelähnlichen Buckeln glichen. Keine noch so kümmerliche Pflanze war zu sehen. Stattdessen entdeckten wir in der staubtrockenen Luft sonnengebleichte Kamelknochen oder formschöne Felsblöcke. Alles blitzblank poliert vom Sandstrahlgebläse des unablässigen Windes.

Je weiter wir nach Westen fuhren, desto mehr nahmen die Dünenzüge der Rub al-Khali zu, wurden höher und ausladender. Dazwischen dehnten sich breite Gassen und lang gestreckte Brettebenen mit fast sandfreiem, feinsteinigem Erdboden. Unablässig knirschte Schotter und Geröll unter dem Druck der Autoreifen, zerbrach wie Glas. Der Wagen hüpfte über Erdrillen und Bodenverwerfungen, die mit zerborstenen Gesteinstrümmern übersät waren. Das Fahren auf dem holprigen Untergrund erforderte konzentrierte Lenkakrobatik, um den Kurs auf das größte Sandmeer der Erde zu halten. Manchmal gerieten wir in derart tiefen Staub, dass die Räder mächtige Fontänen aufwarfen und die Motorhaube darin verschwand. Der Staub kroch dann die Windschutzscheibe und die Seitenfenster hoch, drang durch jede Ritze unseres Fahrzeuges. Wir mussten husten und schalteten die Scheibenwischer ein, fuhren aber dennoch weiter. Es war die Magie der Landschaft, die uns vorantrieb, deren Abgeschiedenheit uns lockte – ein seltsames Hineingezogenwerden und die Erwartung von etwas Großartigem, das sich dort am Horizont zeigte, wo sich mächtige Dünen auftürmten.

Als wir die südlichen Sandwogen der Rub al-Khali erreichten, brachte Rita den Wagen zum Stehen, und wir wanderten einen hohen Dünengrat hinauf. Oben angekommen, war die Fernsicht von archaischer Wucht. Vor uns erstreckten sich, so weit wir blicken konnten, kilometerlange Sanddünen. Eine unberührte Welt des Schweigens. Nur der Wind strich sanft dahin, fächelte hier und da den goldenen Sand, ließ feine Bänder über die scharfen Dünenkuppen tanzen. Seit Jahrtausenden hatte dieser Wüstenwind Millionen von Dünen aufgeworfen, von denen manche mehr als dreihundert Meter aufragten, hatte riesige Sandketten modelliert, die über Hunderte von Kilometern von Horizont zu Horizont liefen, durch keinerlei Hindernis unterbrochen, weshalb die Beduinen dieses phantastische Ödland auch »die Sande« nennen.

Die Nacht am Fuße der Sanddünen war absolut still. So still, dass man kaum zu atmen wagte. Nur hier und da huschte und wieselte es. Über der sternenbeschienenen Weite lag eine seltsame Spannung, und der Gedanke, dass vielleicht noch nie ein Mensch einen Fuß in diese Region gesetzt hatte, berührte mich. Es war eine dieser Nächte, in denen man sich unglaublich wohlfühlt, in denen die Dunkelheit mehr ist als ein Zufluchtsort, und in der große Freiheitsträume wachsen. An Schlaf war nicht zu denken. Zu aufgeladen waren meine Gedanken von den Eindrücken des Tages, und ich dachte an die drei Engländer Bertram Thomas (1892–1950), Harry Philby (1885–1960) und Wilfred Thesiger (1910–2003). Sie konnten schon vor weit mehr als einem halben Jahrhundert der Verlockung der Rub al-Khali nicht wiederstehen, und die Reiseberichte über ihre Wanderungen durch Arabiens große Wüste hatte ich in Jugendjahren verschlungen, hatte erfahren, dass jeder von ihnen auf seine Art von der Ödnis besessen war. Jeder hatte seine Verrücktheit in den ozeangleichen Weiten aus Sand und Stein ausgelebt und sich nirgendwo so lebendig und glücklich gefühlt – trotz aller Entbehrungen und Gefahren.

Bertram Thomas durchquerte 1930 die Rub al-Khali von

OMAN: DIE RUB AL-KHALI GILT ALS GRÖSSTE SANDWÜSTE
DER ERDE. BEIM WANDERN IN DEN KILOMETERLANGEN
DÜNENSTAFFELN ERLEBE ICH EINE PHANTASTISCHE WELT.

Süden nach Norden. Nur wenige Monate später durchwanderte Harry Philby sie in entgegengesetzter Richtung. Die zwei waren die ersten Europäer, die bewiesen, dass man die Rub al-Khali mit Kamelen durchqueren kann. Ihnen folgte der Mediziner, Kartograph und Schriftsteller Wilfred Thesiger, der diese Wüste sogar zweimal durchschritt und zum Urtyp des Wüstenwanderers wurde. Das Hauptmotiv seiner Reisen in Arabien war die Liebe zur Wüste und die Einfachheit des Lebens. Eindrucksvoll schrieb er gegen Ende der fünfziger Jahre darüber in seinem Buch *Die Brunnen der Wüste*: »Niemand kann dieses Leben leben und unverändert daraus hervorgehen. Er wird für immer, mehr oder weniger deutlich, das Zeichen der Wüste, das Zeichen des Nomaden tragen; und er wird immer das Heimweh nach diesem Leben spüren, leise oder brennend, je nach Veranlagung. Denn dieses grausame Land kann einen Zauber ausüben, dem ein gemäßigtes Klima nichts Vergleichbares entgegenzusetzen hat.«

In Addis Abeba wurde Wilfred Thesiger als Sohn eines englischen Diplomaten 1910 geboren. Nach einem Studium am Eton College sowie an der University of Oxford arbeitete er im britischen politischen Dienst im Sudan, nahm im Zweiten Weltkrieg am Ostafrikafeldzug gegen die italienischen Truppen teil und diente als Agent der Special Operations Executive in Syrien und Nordafrika. 1945 kam er nach Arabien, um als offizieller Beauftragter im Oman die Brutplätze der Heuschrecken zu suchen, die immer wieder große Regionen Afrikas zerstörten. Diese Aufgabe ermöglichte ihm, dass unbekannte Arabien kennenzulernen. In Begleitung von abgehärteten und unerschrockenen Beduinen legte er mit Kamelen mehr als sechzehntausend Kilometer zurück, erkundete Regionen, die nie zuvor betreten worden waren. Vor allem der enge Kontakt zu den Beduinen prägte ihn, sodass er schließlich als ihresgleichen lebte. »Ohne ihre Hilfe hätte ich niemals durch das Leere Viertel reisen können«, schrieb er später. »Ihre Kameradschaft schenkte mir die fünf glücklichsten Jahre meines Lebens. (…) Ich werde nie vergessen, wie oft ich mir diesen analphabetischen Hirten gegenüber armselig vorgekommen bin, weil sie so viel großzügiger, so viel mutiger, ausdauernder, geduldiger und ritterlicher waren als ich. Bei keinem anderen Volk der Erde habe ich je ein ähnliches Gefühl der Minderwertigkeit verspürt.«

Gleichwohl war Thesiger seinerzeit der Überzeugung, dass die nomadische Lebensweise zum Untergang verurteilt sei. Die Entdeckung von Öl, so prophezeite er, würde den Arabern schwindelerregenden Reichtum, raschen technischen Fortschritt und damit einhergehenden Materialismus bringen. Diese Entwicklungen würden die Beduinen der Arabischen Halbinsel aus der Wüste vertreiben – und für immer wären die Freiheit, Großzügigkeit und Ehre ihrer alten Zivilisation zerstört.

Später war Wilfred Thesiger im Irak, in Persien, Kurdistan, Abessinien, Sudan, Französisch-Westafrika und Pakistan unterwegs. Außergewöhnliche Reisen, die ihm nicht nur ein Leben voll unvergleichlicher Abenteuer verschafften, sondern auch großes Ansehen als Forschungsreisender einbrachten. Ab 1968 lebte er hauptsächlich in Kenia, ehe er 1994 nach England zurückkehrte und dort ein Jahr später zum Ritter geschlagen wurde.

*

Auf der Rückfahrt zum Asphaltband rumpelten wir nachmittags über eine schwierige Strecke aus Geröll und Sand. Irgendwann übersah Carsten einen spitzen Gesteinsbrocken, und mit einem Knall platzte der rechte Hinterreifen. Wir zuckten vor Schreck zusammen und wurden aus unseren Sitzen nach oben katapultiert. Lenkrad und Auto brachen aus. Als der Geländewagen endlich zum Stehen gekommen war, stiegen wir aus. Der Reifen war nicht flach gequetscht, sondern rundum aufgeschlitzt und zerfetzt. Gott sei Dank hatten wir ein einsatzbereites Ersatzrad dabei. Mit Schaufeln, Stützbrettern und Wagenheber machten wir uns an den Reifenwechsel, der auf dem unebenen Erdboden eine ganze Zeit dauerte, sodass uns die Abenddämmerung überraschte. Dunkles Blau verdrängte die Helligkeit des Tages, und am Himmel entstand ein Schwelbrand: Rot in allen Schattierungen – Purpur, Zinnober, Koralle, Lachs. Riesige leuchtende Farbbänder, langsam ineinanderfließend, fächerten über den Horizont. Intensives Violett ging in Rosa und dann in Gelb über, ehe die rotglühende Lavascheibe in die Erde versank. Wie ein Vorhang fiel die Dunkelheit über das Land, und wir machten uns an den Aufbau der Zelte.

*

Jenseits des Rasthauses von Qitbit, wo wir den Wagen noch einmal betankten, nahm ich Abschied von meiner Frau Rita und von Carsten, die gemeinsam weiter zum Arabischen Meer nach Salala fuhren, eine Stadt im tiefen Süden des Oman. Von dort wollte Carsten die Ruinen von

Ubar ansteuern, wo wir uns in einer Woche treffen würden. Als Archäologe und Wüstenmaler zog es auch ihn zu jenem sagenumwobenen Ort, um einige seiner großflächigen Leinwandbilder auf geschichtsträchtigem Boden zu gestalten. Sein Metier sind abstrakte Reliefbilder, die er nicht nur mit natürlichen Farbpigmenten, sondern auch mit Sand, Staub und Steinpartikeln entwirft. Schicht für Schicht trägt er die Materialien auf die Leinwand, um den Zauber und die Magie wüster Urlandschaften bildlich darzustellen. Als Archäologe legt er dagegen mit Kelle und Pinsel Schicht um Schicht frei, um der Erde ihre Geheimnisse zu entreißen. Die Ruinen von Ubar lockten ihn besonders, denn dort lagen die beiden großen Leidenschaften meines Freundes eng beieinander, die Archäologie und die Malerei.

Ich dagegen hatte mir vorgenommen, die verbleibenden einhundertfünfzig Kilometer bis nach Ubar in jener Fortbewegungsart zurückzulegen, in der einst auch die Beduinen der Weihrauchkarawanen in diesem Landstrich unterwegs waren – zu Fuß. In meinem Rucksack steckte nur das Nötigste, was ich für eine fünf- bis sechstägige Wüstenwanderung brauchte – vor allem Wasser und Proviant. Beides würde ich auch in der kleinen Siedlung Dawkah bekommen, die rund achtzig Kilometer entfernt auf meinem Weg lag.

Ich fühlte mich leicht und befreit, war in froher Stimmung und beschwingt, als ich mich der leeren Anonymität der Wüste anvertraute. Abseits der Asphaltstraße breitete sich eine kahle Ebene aus. Ein trockener, unfruchtbarer Raum, den die Sonne ausgedörrt hatte. Die Temperatur lag kaum über zwanzig Grad Celsius, und mein Weg führte über festen Grund, sodass ich gut vorankam. Schon nach wenigen Kilometern spürte ich, wie das Unterwegssein in meinem Sehnsuchtsland mich in helle Begeisterung versetzte. Es ist dieses wunderbare Raupendasein in horizontaler Weite, das ich so sehr liebe, und das gleichmäßige Ausschreiten der Beine, das ich als Meditation empfinde, wenn ich Stunde um Stunde über ein ewiges Nichts aus Sand und Gestein dahinlaufe und mich die Unermesslichkeit der Ödnis überwältigt.

So wanderte ich stetig den ganzen Tag, bis die weitläufigen, fast planen Geröll- und Schuttflächen von den stetig wandernden Sanddünen der Rub al-Khali unterbrochen wurden. Manchmal waren die gelborangen Sandberge vom Wind zu wahrlich phantastischen Formen verweht worden, sodass ich einen Abstecher machte, um wie ein Seiltänzer auf dem schmalen, geschwungenen Grat eines großen Halbmonds zu laufen, immer auf dem Rand des hartgepressten Dünenrückens, um zu vermeiden, dass ich in den weichen Sand der anderen Seite einsank oder gar die steile Böschung hinabrutschte. Trotz meiner beinahe grenzenlosen Begeisterung für die Landschaft vergaß ich aber nie die Notwendigkeit, meinen Kurs per Kompasspeilung zu überprüfen. Dabei halfen mir vor allem gutes Kartenmaterial sowie auffallende Landmarken wie Felsblöcke, Bäume oder Dünenketten, die voraus auftauchten und aus dem ewig anonymen Nichts als eindeutige Bezugspunkte herausragten.

Am späten Nachmittag des dritten Tages traf ich Tariq, einen freundlichen Omaner, der mit drei beladenen Kamelen nach Thumrait unterwegs war, den zweitgrößten Ort in der Provinz Dhofar. Tariq war Anfang vierzig und saß mit gekreuzten Beinen im Windschatten einiger Felsblöcke im Sand. Er trug ein weites langärmliges, tunikaähnliches Gewand in Weiß, beugte sich über eine kleine Feuerstelle, die mit flachen Steinen umrahmt war, warf ein paar trockene Äste in die rötliche Asche und blies in die Glut, bis knisternde Flammen aufflackerten. Als er mich sah, stand er sofort auf und begrüßte mich herzlich. Gegenseitig fragten wir nach dem Woher und Wohin. Dann griff er mit seiner faltigen braunen Hand nach einer blechernen Kanne, stellte sie auf das Feuer und lud mich zum Kaffee und später zum Abendessen ein.

Unsere Rücken an Felsen gelehnt, hockten wir dicht beieinander, verständigten uns in Englisch und Arabisch, während die Dunkelheit über das Land fiel. Wenn Tariq sprach, lauschte ich aufmerksam seinen Worten; redete ich, so hörte Tariq interessiert zu. Jeder erzählte von seiner Familie und seinem Leben. Stunde um Stunde plauderten wir über die Welt im Großen und im Kleinen, diskutierten über die rasanten Entwicklungen im Oman. Und während über uns, aus der Klarheit des Nachthimmels, das kalte Licht von Abermillionen Sternen herabstrahlte und die Milchstraße funkelte, fragten wir uns, ob nicht die Wüste viel reicher ist als alle großen Städte.

Es war ein Abend, an dem die Zeit stillzustehen schien, an dem sich zwei wildfremde Menschen aus ganz unterschiedlichen Kulturkreisen in der Wüste begegneten. Zwei Menschen, die sich nicht kannten, einander aber respektierten, zuhören konnten und sich irgendwann nach Mitternacht in dicke Decken hüllten. Wir hörten uns schweigen, ehe wir im rötlichen Schein der Feuerstelle einschliefen.

Am nächsten Morgen tauschten Tariq und ich Abschiedsgrüße aus und gingen unserer Wege. Ich schaute meinem Gastgeber noch eine ganze Weile nach. Sein Gang war beeindruckend: Ohne mit den Sandalen zu schlurfen,

OMAN: IM SANDMEER DER RUB AL-KHALI WANDERE ICH
AUF EINEM SCHMALEN GESCHWUNGENEN DÜNENGRAT.

waren seine Bewegungen ein fast schwereloses Dahingleiten. Seine Haltung war überaus elegant, wobei der Rücken leicht nach vorne gebeugt war, während seine Arme und Schultern ganz sachte hin- und herschwangen. Kein Zweifel, das Unterwegssein in wüster Weite war ihm seit Kindesbeinen in Körper und Seele übergegangen.

*

In Dawkah versorgte ich mich mit neuen Nahrungsmitteln und frischem Trinkwasser, ehe ich in südlicher Richtung zum Wadi Dawkah wanderte. Ein ausgedehntes, trockenes Tal, das seit der Antike als Herkunftsort des Weihrauchs gilt. Von einem älteren Omaner erfuhr ich, dass hier etwa fünftausend Bäume dicht aneinandergereiht wuchsen, die die Botaniker *Boswellia sacra* oder *Boswellia carterii* nennen; fast kahle Gewächse mit kurzem Stamm, knorrigem, weit ausladendem Astwerk und kümmerlichen Blättern. Wie abgestorben sahen die gestrüppartigen Bäume aus, die unter ihrer Rinde einen weißen, duftenden Saft verbargen, dem die Südaraber ihr Glück verdankten.

Schon vor dreitausend Jahren wurde das kostbare und wohlriechende Harz in Ägypten, Persien und Mesopotamien mit Gold aufgewogen. Heute besitzt es nur noch den Bruchteil seines ehemaligen Wertes, doch geerntet wird es noch immer wie einst: Nach dem Anritzen der Rinde bleibt der austretende weiße Saft fast drei Wochen zur Gerinnung am Stamm. Anschließend werden die bernsteinartigen Baumharztropfen zur Weiterverarbeitung abgetragen. Noch heute kommt der weltbeste Weihrauch, der Hougari genannt wird, aus dem Wadi Dawkah.

Am Nachmittag des fünften Tages lief ich über eine fast

vegetationslose, schwarz verbrannte Mondlandschaft, als der Himmel seine Farbe von Blassblau zu Grau veränderte. Gerade noch waberten wallende Luftschichten über der flachen Gesteinstrümmerlandschaft, da kündigte sich ein sand- und staubbeladener Wind an, der nichts Gutes verhieß. Meterhohe Sandbänder tanzten über den dunklen Wüstenboden, vereinigten sich zu einem gelbbraunen Sandvorhang, der die mattgelbe Sonne verschluckte und die Konturen der Landschaft verschwimmen ließ. Mit großer Geschwindigkeit zog er herauf, vergleichbar einer Meeresbrandung, die einen Küstenstreifen überschwemmt.

Als die graubraune, fließende Masse näherrückte, wurde es Zeit, nach einem sicheren Ort Ausschau zu halten. Ich entdeckte eine Erdrinne, in die ich mich flach hineinlegte. Mit einem feuchten Tuch vor dem Mund spannte ich eine Abdeckplane über mich und meinen Rucksack. So harrte ich zwei Stunden aus, bis sich der Sandsturm verflüchtigte.

*

Nach einer Woche intensiver Wüstenwanderung näherte ich mich einer eingezäunten, sattgrünen Grasfläche, die mit Sprinkleranlagen bewässert wurde, gespeist aus tief liegenden Grundwasservorkommen. Ein Regierungsprojekt, um ein Stück Wüste am Ende der Welt zu bewirtschaften. Gleich daneben graste eine Kamelherde im Grün. Ein paar Steinwürfe weiter auf einem Hügel standen zwei schneeweiße Rundtürme und eine Ansammlung einstöckiger Neubauten mit Reihenhauscharakter. Eine richtige Siedlung. Ich hatte Shisr erreicht. Hier befanden sich auch die wiederentdeckten Ruinen der einst blühenden Weihrauchstadt Ubar, die als Kreuzungspunkt von Karawanenwegen einmal ein wichtiges Versorgungsdepot war – mein Sehnsuchtsort im Oman.

Seit Jahren hatte ich von diesem legendenumrankten Ort geträumt.

Es war einer dieser großen, wuchtigen Momente, in denen man das eigene Glück kaum fassen kann, weil man jenen Ort erreicht hat, der gleichsam Verlockung und Wunschtraum ist.

*

Meinen Freund Carsten traf ich am Eingang eines eingezäunten Areals wieder, wo sich die Überreste der verlorenen Stadt Ubar um eine Kalksteinklippe gruppierten, an deren Fuß eine Süßwasserquelle entsprang. Die fußballfeldgroße Ausgrabungsfläche bot nichts Prachtvolles. Staub, Sand und Steine; hier und da zerbrochene Mauern, umgestürzte Säulen, ein paar Gebäudereste sowie die dunkle Öffnung einer Erdhöhle. Die Vorstellung, dass diese steinernen Überreste zu einer der bedeutendsten Städte Arabiens zählen sollten, erschien mir absurd.

Gleichwohl hatte sich die lange Anreise gelohnt. Denn dieser Ort ist nicht nur Metapher eines geronnenen Menschheitstraums, sondern auch Mythos einer mehr als zweitausend Jahre alten Märchenstadt. Seit die Kunde von ihrem Untergang die Menschen in aller Welt bewegte, gilt Ubar als eine universelle Erinnerung an ein florierendes Zentrum des Weihrauchhandels, das schließlich im Sandmeer der Rub al-Khali verloren ging. Und dessen wiedergefundene Überreste eine besondere Atmosphäre ausstrahlen. Etwas Rätselhaftes und Mysteriöses war hier zu spüren, das man ganz zutreffend als *genius loci*, Geist eines Ortes, bezeichnet.

Mehr als tausendfünfhundert Jahre haben nicht genügt, um die entschwundene Stadt Ubar zu finden, die der Engländer T. E. Lawrence, besser bekannt als Lawrence von Arabien, einst »das Atlantis der Wüste« nannte. Viele Publikationen von Forschern, Historikern und Wüstenreisenden zeugen von der Anziehungskraft der südarabischen Metropole. In alten Überlieferungen heißt es, dass Kamelkarawanen mit bis zu zweitausend Tieren ihre wertvolle Fracht von Ubar zu den Märkten Mesopotamiens, Persiens und Ägyptens transportierten. Doch zwischen den Jahren 300 und 500 nach Christus sollen Lasterhaftigkeit und Dekadenz zum Untergang der wohlhabenden Stadt geführt haben. Laut Koran war Allah über den moralischen Verfall der Bewohner Ubars derart erzürnt, dass er die »Stadt der Düfte« von der Wüste verschlingen ließ.

Den ersten konkreten Hinweis, wo sich Ubar befinden könnte, lieferte 1984 die NASA-Raumfähre *Challenger*, deren gesendete Radarwellen unter die Erdoberfläche drangen. Die Reflexionswellen wurden als digitalisierte Infrarotfotos zur Erde gesendet. Auf diese Weise wurden im Süden des Oman drei vom Sand überlagerte Karawanenrouten erkennbar, die, nach Hunderten von Kilometern, an einem Ort zusammenliefen. Um diesen Ort zu lokalisieren, wurden Satellitenbilder mit Landkarten abgeglichen, sodass man dem rätselhaften Ubar auf die Spur kam.

Anfang der neunziger Jahre reiste ein Forscherteam von der Southwest Missouri State University in den Süden des Oman, um die sagenumwobene Stadt zu finden. Mit dabei waren der britische Forscher Sir Ranulph Fiennes, der arabische Archäologe Dr. Juris Zarins und der amerikanische Hobby-Archäologe und Dokumentarfilmer Nicholas Clapp. Doch erst nach mehreren Anläufen und einigen Fehlschlägen fand man in der Rub al-Khali die Ruinen einer von Mauern umgebenen Ansiedlung.

Die Gebäudereste der Karawanserei wurden auf das dritte Jahrtausend vor Christus datiert und sollen mit dem blühenden Weihrauchzentrum Ubar identisch sein. Ausgrabungsarbeiten legten uralte Keramiken frei, größtenteils griechischen, syrischen, römischen und auch chinesischen Ursprungs. Manche Relikte waren im Zeitraum zwischen 100 und 400 vor Christus entstanden. Zudem entdeckte man eines der ältesten Schachspiele der Welt sowie eine eigene frühsemitische Schrift. Und auch für den Untergang von Ubar fand man eine Erklärung: Große Kalksteinhöhlen, die sich unter der Stadt befanden, waren eingestürzt. Eine Zerstörung, die alten Berichten zufolge die Bewohner des Nachts überrascht hatte. Erschütterungen, die vermutlich einem Erdbeben gleichkamen, führten zur Absenkung des Bodens, sodass die Gebäude der Stadt in die Tiefe gerissen wurden. Wie in der Legende beschrieben, versank Ubar im Sand, der alles unter sich begrub.

Hier also, im Süden des Oman, kaum hundert Kilometer bis zum Jemen, soll sich vor undenklichen Zeiten Arabiens großes Weihrauchzentrum in Raum und Zeit befunden und mindestens sechs segensreiche Jahrhunderte erlebt haben, ehe die Stadt einer gewaltigen Katastrophe zum Opfer fiel.

Nur wenige Gebäudeüberreste der Stadt Ubar konnten bei Ausgrabungsarbeiten freigelegt werden. Doch die einst so florierende Weihrauchmetropole lebt in Legenden immer wieder auf, die Beduinen über Jahrhunderte hinweg an den Lagerfeuern erzählen.

INSELSEHNSUCHT

Der Traum vom Paradies

Nicht die sind zu bedauern,
deren Sehnsüchte nicht in Erfüllung gehen,
sondern diejenigen,
die keine mehr haben.

MARIE VON EBNER-ESCHENBACH

Keine Region der Erde ist so häufig zur Sehnsuchts-Metapher erklärt worden wie jene Inselwelten, die in einem ozeanischen Kosmos liegen, weit weg vom Rest der Welt. Einsame Archipele sind magische Projektionsflächen unserer Träume, besonders, wenn der Terminkalender unsere Zeit beherrscht, wir tagtäglich unsere Kraftreserven mobilisieren und immer mehr Dinge gleichzeitig tun. Oft kommt uns dann die diffuse Faszination eines fernen Irgendwo in den Sinn, das inmitten eines herrlichen Blaus liegt, wo ein unbeschwertes und friedvolles In-den-Tag-hinein-Leben möglich ist. Es ist der Traum vom Paradies – und oft findet er Ausdruck in dem Satz: »Ich bin reif für die Insel!« Wir träumen von einer Robinsonade auf Zeit, von einem Leben in Bambushütte und Hängematte: Palmen wiegen sich im sanften Wind, weißgoldfarbener Sandstrand geht über in türkises Wasser und dann zu leuchtend grünen Riffen, die von einer blendend weißen, schäumenden Brandung gekrönt werden – und darüber ein tiefblauer Himmel wie gemalt. Vielleicht ist es ja tatsächlich der Traum vom Garten Eden, die ewige Sehnsucht nach einem idyllischen Arkadien. Fest steht jedenfalls: Entlegene Inseln vermitteln uns seit undenklichen Zeiten etwas magisch Triviales, zu dem wir uns immer wieder hingezogen fühlen. Wohl kaum ein anderer Ort der Erde bringt mehr Sehnsüchte und Träume hervor als eine ferne Inselwelt im tiefblauen Meer. Inseln sind Orte der Utopie und Metaphern für paradiesische Landschaften, sind Chiffren für unser Verlangen nach Weltenferne und Selbstfindung. Sie sind Ankerplätze unserer Träume, sind Orte der Weltflucht, an denen wir zu uns selbst finden können.

Inseln sind romantische Orte, an denen wir uns vor allem eines erhoffen: die Erfüllung unserer Sehnsucht.

*

Eine ferne Insel als Rückzugsort auf Zeit ist wohl vor allem ein Wunschtraum des modernen Menschen, der seinen Alltagsstress abschütteln möchte und sich Erholung verspricht. Andere suchen dagegen in der exotischen Abgeschiedenheit das Abenteuer. Ein Thema, dem sich auch viele Schriftsteller widmeten und eine isolierte Inselwelt zum Mittelpunkt ihrer Romanhandlung machten. Weit spannt sich der Bogen von Robert Louis Stevensons *Schatzinsel*, Daniel Defoes *Robinson Crusoe*, Jules Vernes *Zwei Jahre Ferien*, Joseph Conrads *Sieg* bis hin zu William Goldings *Herr der Fliegen* und Umberto Ecos *Die Insel des vorigen Tages*. All diese Buchtitel erinnern daran, dass Inseln vieles sein können – Sehnsuchtsziel, Wunschheimat, Strafkolonie, Verbannungsarchipel, Tropenhölle oder Niemandsland. Denn nicht alle Inseln verheißen Glückseligkeit, und so manche tropische Insel mit überwucherter Dschungelvegetation, abweisend und menschenfeindlich, fiel nach ihrer Entdeckung wieder dem Vergessen anheim. Jeder, der die Sehnsucht nach einer Insel-Auszeit verspürt, muss also *seine* Insel finden, damit sich individuelle Träume erfüllen können.

*

Was ist eigentlich eine Insel?

Grundbedingung ist eine überschaubare Landmasse, die von allen Seiten von Wasser umschlossen ist, und die man (soweit möglich) zu Fuß umrunden kann. Eine Insel kann im Meer sowie in einem Binnengewässer oder einem Fluss liegen, darf aber nicht als eigener Kontinent gelten wie z. B. Australien. Hinzu kommt eine gewisse Abgeschiedenheit, eine Isolierung vom Festland.

*

Inseln nähert man sich per Flugzeug oder Schiff. Aus der Vogelperspektive wirken viele Atolle oder Archipele wie verlorene Punkte im Nirgendwo. Doch sehr viel beeindruckender ist es, wenn man auf eine Insel langsam zusteuert und sie aus den Wellen auftauchen sieht. Wie ein schwimmender Traum steigt das entlegene Eiland dann aus dem Meer. Ganz allmählich nimmt alles Farbe an, wird lebendig, und die Wirklichkeit wird prächtiger als jede Phantasie.

Inseln versprechen auch einen Neuanfang, eine Wende im Leben, weil sie die Hoffnung vermitteln, dass zwischen Palmen, Strand und Meeresrauschen alles anders werden könnte – und sich das Leben einfacher, überschaubarer und irgendwie schöner gestaltet. Diese Hoffnung war es, die mich vor vielen Jahren auf die Kykladeninsel Paros trieb. Damals wollte ich in eine schlichtere Existenz flüchten, wollte abschalten und zur Ruhe kommen, um mir über ein neues Reiseprojekt Klarheit zu verschaffen: Mit zwei Freunden plante ich, im hohen Norden Kanadas ein Floß von achtundzwanzig Quadratmetern zu bauen, um den 1600 Kilometer langen Mackenzie – den »einsamsten« unter den großen Strömen der Erde – bis zum Polarmeer zu befahren. Mein Vorbild für diese Reise war Huckleberry Finn, jener Lausbub, der auf einem Floß zusammen mit dem entlaufenen Sklaven Jim den Mississippi hinunterschipperte. Von klein auf an habe ich Mark Twains Schelmenroman *Die Abenteuer des Huckleberry Finn* geliebt. Ein Buch von enormer Poesie, über das Ernest Hemingway einmal schrieb: »Mit Huckleberry Finns Flucht auf dem Mississippi beginnt die gesamte moderne amerikanische Literatur.«

Nun, so hatte ich mir vorgenommen, wollte ich es Huck Finn gleichtun und mit einem selbst gebauten Floß mehrere Monate durch Kanadas Wildnis reisen. Doch Planung und Organisation waren alles andere als einfach. Immer wieder gab es Probleme, sodass sich in mir gewisse Zweifel verdichteten, ob das ersehnte Vorhaben wirklich zu realisieren wäre. Deshalb war ich für einige Wochen nach Paros gereist, um dort den nötigen Abstand zu bekommen, ehe ich eine endgültige Entscheidung traf.

Die griechische Insel Paros in der südlichen Ägäis wurde durch den parischen Marmor berühmt, der – im Gegensatz zum Carrara-Marmor – bis zu einer Stärke von 3,5 Millimeter durchscheinend ist.

Sogar der kleine, quadratische Fischerhafen von Naoussa

im Norden der Insel war von Marmorplatten ringsum eingefasst. Weiß, weiß und nochmals weiß – aus reiner Lust und Freude am Schönen. Dazwischen das sanfte Grün von Oleander, das leuchtende Rot der Paradiesapfelblüten und die farbenprächtigen Bougainvillea-Sträucher. Dazu das unwahrscheinliche Blau von Meer und Himmel – und eine Luft wie Samt und Seide.

Nachdem ich mich in einer Pension direkt am Meer eingerichtet und meine Umgebung erkundet hatte, verliefen die Tage in ruhigem Gleichmaß. Ich frühstückte lange, blätterte in Büchern, badete im Meer und unternahm ausgedehnte Inselspaziergänge, wanderte durch Olivenhaine und wellige Landschaft in Tönen zwischen Tiefgrün und Lichtgrau, sah Esel, die im Schatten der Bäume dösten oder Eidechsen, die über den Weg huschten. Wenn die Sonne gegen Abend spektakulär im Meer versunken war, kehrte ich in eine kleine Taverne ein. Bei vorherrschender Gemütlichkeit ließ ich den Tag ausklingen und trank eine Karaffe Retsina, den Weißwein, der »einem die Lungen mit einer Art flüchtigem Terpentinharz füllt und Wohlbehagen, Freude und Gesprächsbereitschaft hinterlässt«, wie Henry Miller, der große Griechenland-Liebhaber, einst schrieb.

Zehn Tage war ich bereits auf Paros, als ich deutlich spürte, dass das stimmungsvolle Inselleben und die Harmonie mediterraner Farben und Formen meine Seele mehr und mehr aufatmen ließ. Meine innere Unruhe wandelte sich in ein erfrischendes Wohlbefinden.

Ich erinnere mich noch genau, das ich eines Abends bis weit nach Mitternacht auf dem Balkon meines Zimmers saß und die Stille genoss. Der Mond spiegelte sich auf dem ruhigen Meer, und Wellen plätscherten sanft, als jemand auf einer Flöte zu spielen begann. Eine ganze Weile lauschte ich gedankenversunken der wunderschönen Melodie, die sich in lebendigen Variationen wiederholte.

Als ich vom Balkon zum Strand hinunter schaute, sah ich im diffusen Licht von Mond und Sternen einen älteren Mann, der ganz allein auf einem Stein hockte. Mit abgeschnittenen Jeans, hellem T-Shirt, schulterlangen Locken, grauem Vollbart und Jesus-Profil wirkte er wie aus einer anderen Welt. Ganz still saß er da und gab sich seinem unbekümmerten Flötenspiel hin, das mal leicht und anmutig, mal feurig und unbändig klang. Eine Musik, die mich nicht nur bewegte, sondern seltsamerweise auch meine Zweifel vertrieb, mit denen ich nach Paros gekommen war. All die unübersichtlichen Probleme, die mich so sehr bedrängt hatten, waren auf einmal gar nicht mehr so groß, und ich fühlte mich befreit vom Ballast, der zuvor mein Denken blockierte. Ich gewann meinen Optimismus hinsichtlich einer Floßfahrt durch Kanadas Wildnis zurück, denn Aufbruchstimmung und Sehnsuchtserfüllung taugen nichts ohne den lebensbejahenden Mut, neue und unbekannte Wege zu gehen.

Dieser motivierende Anstoß war damals einzig und allein den besonderen Umständen auf Paros geschuldet. Und noch heute denke ich gelegentlich an den Zauber jener Nacht, als das ergreifende Flötenspiel eines unbekannten Mannes meinen Entschluss auslöste, den ich dann in die Tat umsetzte. Ein echter Glücksfall.

SANSIBAR

Magische Gewürzinsel im Indischen Ozean

Es ist doch eigentlich
der Hauptinhalt im Leben:
Sehnsucht und wieder Sehnsucht.

FANNY GRÄFIN ZU REVENTLOW

Dieses Blau! Überirdisch, unbegreiflich. Schier grenzenlos dehnte sich das leuchtend blaue Meer unter einem ebenso strahlend blauen Himmel. Ich hatte den Seegang im Blut, lauschte dem Wispern des Windes in der Takelage, dem Ächzen des baumdicken Mastes und dem Rauschen der Bugwellen, die unter dem Boot hindurchzischten. Unablässig stieg und fiel die Dünung, wie sanftes Atmen, während der Wind das Segel prall füllte und unser nostalgisches Holzschiff vorantrieb.

Tag um Tag segelten wir über eine endlose Wasserfläche, die mir im wechselnden Licht mal türkisfarben, mal marineblau und dann wieder bleigrau erschien. Dieses Unterwegssein auf dem Meer bot mir alles, was ich mir in meiner sehnsuchtsvollen Phantasie vorgestellt hatte: Wellen, Weite, Wind und Sonne.

Unweit der Ostküste Afrikas war ich im Indischen Ozean auf einer afrikanisch-arabischen Dhau unterwegs. Nur ein paar Möwen ließen hin und wieder auf die Nähe von Land schließen. Vor zwei Tagen war ich mit einer vierköpfigen Crew in See gestochen – von Lamu aus, einem winzigen Eiland vor der Nordküste Kenias. Umgeben von riesigen Mangrovenbuchten und weißen Sandstränden, hatte mich die kleine Tropeninsel in ihren Bann gezogen. Ein Stück Arabien direkt vor der Küste Schwarzafrikas.

Lamu-Stadt, einst ein reicher Umschlagplatz für Gewürze, Seide, Parfüms und Sklaven, zählt heute rund fünftausend Einwohner. Autos gibt es hier kaum. Als Transportmittel fungierten Esel, deren Schreie sich in der Dämmerung mit der Stimme des Muezzins mischten, der die Gläubigen zum Gebiet rief. Männer mit weißen, feinbestickten Kappen machten sich auf den Weg zur Moschee, Frauen in schwarzen Gewändern saßen auf Mauern und Treppen davor. Wenn die Tropensonne ein goldenes Abendlicht zauberte und hinter dem Horizont versank, war die Uferpromenade mit umtriebigem Leben erfüllt. Mobile Verkaufsstände boten im Licht von Laternen und Petroleumlampen Waren aller Art feil. Ananas, Mangos und Orangen wurden zu Fruchtsäften gepresst, pulsierendes Stimmengewirr vermischte sich mit arabischen Rhythmen. Und in den offenen Garküchen kamen Rindfleisch-Spießchen und Kartoffelscheiben oder frische Meeresfrüchte, Hummer und Tintenfische auf den glühenden Holzkohlegrill.

Wie eh und je wurde auf Lamu ein großer Teil der Nahrung aus dem Wasser gefischt. Einheimische benutzten dazu eine sogenannte Dhau. Ein Suaheli-Sammelbegriff für ein aus Holz gebautes Lastenschiff, dessen dreieckiges Lateinersegel noch vor kaum hundert Jahren in den Gewässern zwischen Afrika und Arabien als Zeichen des Schreckens galt, weil es von Seeräubern und Sklavenhändlern benutzt wurde, die von Überfällen und Menschenhandel lebten. Heute transportieren die wendigen Lasten-segler vor allem Tee, Datteln, Gewürze, Trockenfisch und Mangrovenholz.

Auf einer dieser nostalgischen Dhaus wollte ich nach Sansibar segeln. Doch in dem kleinen Hafen von Lamu-Stadt war es nicht einfach, eine Segelpassage zu buchen. Als ich den Dhau-Kapitän Abdullah traf, waren zunächst zwar lange und zähe Verhandlungen nötig, doch stimmte er schließlich zu, und ich konnte für umgerechnet vier-hundert Euro mitfahren.

Zwei Tage später stach die Dhau in See, und ich fühlte mich wie in eine andere Zeit versetzt, als die lange Rah mit dem aufgegeiten Segel am Mast hochgezogen wurde. Knat-ternd entfaltete sich das weiße Lateinertuch, blähte sich im strammen Wind, und der Lastensegler nahm Fahrt auf, glitt wie ein Seevogel über den schäumenden Wellentep-pich dahin und ließ Lamus Küste hinter sich zurück. Kurs Sansibar – Inbegriff aller exotischen Phantasien und einst Hauptstadt des Oman, dann Sultanat unter portugiesi-schem und britischem Protektorat. 1963 erlangte die zweit-größte Insel Ostafrikas die Unabhängigkeit und schloss sich ein Jahr später der Vereinigten Republik Tansania an.

Bis nach Sansibar waren es etwa zweihundertfünfzig See-meilen. Eine Strecke, auf der Sonne, Meer und Sterne den Lebensrhythmus bestimmten und sich die Gedanken von der Alltagskette lösten, weil die Intensität des Erlebens sich ausschließlich auf das Hier und Jetzt richtete. Tage voller Glück, Leichtigkeit und Abenteuer, die bis heute nachwir-ken. Gelegentlich denke ich an diesen Segeltörn im Indi-schen Ozean und spüre den unbändigen Gefühlsriesen, der das Zurücksehnen entfacht und mich »brennen« lässt, für die Liebe zu einem Ort, einer Landschaft, einem intensiven

SANSIBAR: DIE NOSTALGISCHEN DHAUEN LIEGEN IM ALTEN
HAFEN VON SANSIBAR-STADT DICHT BEIEINANDER.

Unterwegssein. Am liebsten würde ich dann sofort meinen Rucksack packen und dem Ruf der Sehnsucht folgen.

Unvergesslich sind mir jene Tage, an denen die Dhau unter einem azurblauen Himmel durch die Weite des Indischen Ozeans segelte, vorbei an Afrikas Küste mit ihren palmengesäumten Stränden, glasklaren Buchten und Mangrovensümpfen. Unauslöschlich die Stunden der Flaute, wenn das Segel schlaff an der Rah hing und Schwärme tropischer Fische, deren Namen ich nicht kannte, und ein halbes Dutzend Haie längs der Bordwände schwammen. Fast zum Greifen nah ihre spitzen Rückenflossen, die aus dem Wasser ragten, ihre stromlinienförmigen Körper mit der Sandpapierhaut, ihre flachen Schädel mit den kleinen Katzenaugen und ihre breiten Mäuler.

Stundenlang dösten wir im Schatten eines aufgespannten Baumwolltuches, warteten auf eine günstige Brise. Zähflüssige Zeit, bis Abdullah, der Benzin sparen wollte, den tuckernden Dieselmotor schließlich doch anwarf und die Dhau wieder Fahrt aufnahm.

Noch schöner als die Tage voller Wind und Sonne waren die klaren Nächte, wenn am Himmel Myriaden kleiner funkelnder Edelsteine erschienen, eine fächelnde Brise über das Deck strich und Abdullah sich zu mir setzte. Er verfügte nicht nur über einen reichen Erfahrungsschatz, sondern war auch in Geographie und Geschichte bewandert und erzählte mir von jener Zeit, als die arabischen Seeleute sich am Stand der Sonne und an den Sternen orientierten. Diese frühe Navigationskunst war mit Hilfe eines simplen Instruments möglich, das *Kamal* genannt wurde und ein Vorläufer des Sextanten war. Das Handling beschrieb Abdullah als ganz einfach: Man stelle sich eine rechteckige Holzscheibe von etwa acht Zentimetern

Breite vor, in deren Mitte sich ein Loch befindet, durch das ein Bindfaden mit mehreren Knoten läuft, die auf die geographische Breite verschiedener Häfen geeicht waren. Der Navigator bestimmte die Position der Dhau, indem er die Schnur an einem bestimmten Knoten mit den Zähnen festhielt und mit dem ausgestreckten Arm spannte, wobei er das Holzplättchen so hielt, dass die Unterkante des Täfelchens auf der Horizontlinie stand. Befand sich der Polarstern beispielsweise mit der Oberkante des *Kamal* auf gleicher Höhe, war die Dhau auf der geographischen Breite des zugewandten Bestimmungsortes, also auf Kurs. Stand der Stern höher als die Oberkante, musste der Kurs nach Süden korrigiert werden, stand er darunter, musste gen Norden gesegelt werden.

Auch Kapitän Abdullah verfügte über uraltes Navigationswissen, bestimmte den Kurs seiner Dhau nicht nur per Magnetkompass oder Landmarken, sondern prüfte zusätzlich den Sonnen- und Sternenstand sowie die Farbe und Tiefe des Wassers. Es war bewundernswert, was Abdullah alles über Wolkendrift, Winde und Strömungen wusste, und er lächelte nur verschmitzt, als ich ihm von dem portugiesischen Seefahrer Vasco da Gama erzählte, der bei seiner ersten Umsegelung Afrikas im Jahre 1497 einen arabischen Seemann namens Ahmed Ibn Majid an Bord hatte, der als Navigator sicher durch den Indischen Ozean steuerte.

*

Die Nächte an Bord der Dhau waren kurz. Schon mit dem ersten Dämmerlicht wurde ich von den Gebetsrufen der Seeleute geweckt, die alle fromme Muslime waren. Mit bunten Käppchen knieten sie zum Sonnenaufgang auf einer Bastmatte an Deck und verbeugten sich gen Mekka. Ihre Gebetsschnur in der Hand, an der Perle für Perle durch die Finger glitt, murmelten sie ohne Unterlass die erste Sure des Koran: »Allahu akbar – Allah ist groß! Im Namen Allahs, des Allbarmherzigen! Lob und Preis sei Allah, dem Herrn aller Weltenbewohner, dem gnädigen Allerbarmer, der am Tag des Gerichtes herrscht. Dir allein wollen wir dienen, und zu dir allein flehen wir um Beistand. Führe uns den rechten Weg, den Weg derer, welche sich deiner Gnade freuen!«

Später, nachdem die Dhau unter Segel gut Strecke gemacht hatte und sich große Fischschwärme um den Bootsrumpf versammelten, wurden Angelschnüre ausgeworfen. Täglich gab es zu den Mahlzeiten frische Meereskost – gegrillt, gekocht, gedünstet. Dazu Reis und Fladenbrot. Kulinarischer Höhepunkt war eine afrikanische Bouillabaisse, die der Koch Suleiman mit reichlich Fisch, Zwiebeln und Tomaten zubereitete. War der tägliche Fang zuweilen größer als der Hunger, wurden die Fische gehäutet, gesalzen und in der Sonne getrocknet.

Es kam der Tag, an dem schwere Böen unsere Dhau attackierten. Gischtfontänen schlugen durch die Speigatten, und wechselnde Winde zwangen zum Kreuzen. Die Crew hatte alle Hände voll zu tun, zog und zerrte an Seilen und Leinen, Tampen und Schoten. Arbeitsgesänge verflogen im Wind, während sich tiefschwarze Monsunwolken über der aufgewühlten See zusammenballten. Es begann zu regnen, zuerst nieselte und tröpfelte es, dann ergoss sich eine tropische Sintflut. Wasser lief uns in Sturzbächen von Stirn und Haaren über die Regenmäntel in die Gummistiefel. Stunde um Stunde verschlechterte sich die

Sicht, bis irgendwann die Insel Sansibar schemenhaft zu erkennen war. Ein wolkiges Tief hing schwer vor der Küste, doch die fast tausendsiebenhundert Quadratkilometer große Inselfläche war selbst für die dicken Wolken- und Regenvorhänge kein leicht verschluckbarer Brocken. Hier und da entdeckte ich mattgrüne Palmenwipfel und weiße Häuserfassaden, die mit milchig-trüben Wolkensträhnen kollidierten, als wir langsam in die Hafenbucht einliefen und die Umrisse von Booten und Schiffen kaum zu erkennen waren.

Blind vor triefender Nässe und fast taub vom Rauschen des Regens näherten wir uns der Kaimauer, warfen ein paar Taue auf die Mole, wo sie von hochgewachsenen schwarzen Matrosen mit bunten Regenschirmen vertäut wurden. Der Abschied von Abdullah und seiner Crew war herzlich und ging mir nahe. Dann sprang ich mit meinem Rucksack an Land und lief wie ein nasser Hund durch die überschwemmten Straßen von Sansibar-Stadt. Im strömenden Regen suchte ich ein Hotel und landete in einem weiß getünchten Zimmer mit kolonialem Charme, großem Bett und noch größerem Moskitonetz. Ein Deckenventilator verwehte die feuchtschwüle Luft und die Zeit.

*

Am nächsten Morgen strahlten Sonne und Himmelsblau über Sansibar-Stadt, und die heftigen Regengüsse vom vergangenen Tag waren nur noch Erinnerung. Gleich nach dem Frühstück machte ich mich als Erstes auf den Weg zum Dhau-Hafen. Die Exotik der Stadt faszinierte mich sofort. In den belebten Straßen war es schon am frühen Vormittag unglaublich schwül, und die feuchtwarme Luft war mit dem Duft von Gewürznelken und fauliger Süße geschwängert. Schweiß lag wie ein dünner Film auf der Haut, und das Hemd klebte am Körper, als ich die langgestreckte Hafenmole erreichte. In langen Reihen lagen dort zahllose nostalgische Dhau-Segler in unterschiedlichen Größen dicht beieinander. Mühelos hätte man von Deck zu Deck springen können. Diese Hafenbucht glich einem riesigen Freilichtmuseum, war so lebhaft und bunt, dass meine Gedanken auf der Zeitachse Hunderte von Jahren zurück rutschten. Als wäre seit den Abenteuern von Sindbad dem Seefahrer kein Tag vergangen, als wären hier, im Hafen von Sansibar, all die Geschichten aus *Tausendundeiner Nacht* noch immer lebendig. Geschichten von abenteuerlichen Seereisen waren das Garn, das die afrikanischen Inselwelten im Indischen Ozean seit Jahrhunderten umspannte.

Ebenso präsent waren der intensive Geruch von Fisch und Fäulnis sowie das geschäftige Treiben rund um die Hafenmole: Schweißüberströmte Schauerleute schleppten schwere Säcke und Kisten oder balancierten über schmale Holzstege. Matrosen kletterten in die Masten, schrubbten Planken, spleißten durchgescheuerte Tauenden, sortierten Netze, verknoteten Reepe oder flochten Körbe, während weiß gewandete Männer in Gruppen zusammenstanden und um Schiffsfrachten – Tee, Gewürze und Fisch – feilschten.

Ich setzte mich auf die Stufen einer Steintreppe, genoss die Frische einer leichten Brise und beobachtete das lebendige Gewusel, während sich auf meinem Gesicht der Schweiß mit aufspritzendem Wasser mischte. Hier, im alten Dhau-Hafen von Sansibar-Stadt, brachten arabische Sklavenhändler im 17. und 18. Jahrhundert Millionen von

Afrikanern an Land, die sie aus Schwarzafrika verschleppt hatten. Die alptraumhaften Zustände auf dem damaligen Sklavenmarkt, unweit des Hafens, schilderte der Engländer Thomas Smollet, Kapitän des britischen Forschungsschiffes *Ternate* im Jahre 1811: »Die Schau beginnt um vier Uhr nachmittags. Die Sklaven werden wahrlich herausgeputzt, um den größten Gewinn herauszuziehen: Die Haut wird gereinigt und mit Kokosöl poliert, die Gesichter werden mit roten und weißen Streifen bemalt (…), dann werden sie in einer Reihe aufgestellt, gestaffelt nach Größe und Alter. An der Spitze dieser Reihen, die aus Männern und Frauen von sechs bis sechzig zusammengepfercht sind, steht der Besitzer. (…) Erregt eine dieser Gestalten die Aufmerksamkeit eines Zuschauers, so hat die Reihe stillzustehen, es folgt eine langwierige penible Überprüfung, die ähnliche Prozeduren auf Viehmärkten in Europa in den Schatten stellt. (…) Der Sklave muss eine Strecke gehen oder rennen, um zu beweisen, dass die Füße nicht beschädigt sind. Ist der Preis ausgehandelt, werden die Sklaven ihrem neuen Herrn übergeben.«

Der Sklavenmarkt von Sansibar lag im Zentrum der Stadt, wo auf einem großen Platz die Anglikanische Kirche »Church of Christ Cathedral« 1873 gegründet wurde. Mustafa, ein junger Guide, führte mich in die ehemaligen Sklavenkammern, die sich unter der Kirche befanden. Nur langsam gewöhnten sich meine Augen an das Halbdunkel, als wir die Treppen zum verzweigten Kellergewölbe hinabstiegen. Die Decken der feuchtkalten Kerkerzellen waren so niedrig, dass ich nicht aufrecht stehen konnte. Wie wilde Tiere waren hier Männer, Frauen und Kinder aus Schwarzafrika an Eisenketten gefangen gehalten worden, ehe sie an sansibarische Plantagenbesitzer verkauft oder als profitträchtige Ware in die englischen und französischen Kolonien – nach Arabien, Amerika und in die Karibik – verschifft wurden. Bis zu 50 000 Afrikaner jährlich sollen es gewesen sein, die von Sansibar per Schiff in ferne Welten entführt wurden.

Einer der berüchtigtsten Sklaven- und Elfenbeinhändler war Tippu-Tip, mit richtigem Namen Hamed bin Juma bin Rajab bin Mohammed bin Said el-Murjebi. Mitte des 19. Jahrhunderts zählte er zu den vermögendsten und mächtigsten Männern Ostafrikas; er bewohnte einen prächtigen Palast in Sansibar-Stadt und pflegte intensive Kontakte zu europäischen Forschungsreisenden, die häufig ihre Expeditionen in Sansibar ausrüsteten, während unzählige Seeüberfälle und Plünderungen auf sein Konto gingen.

Damals erlebte Sansibar eine wahre Blütezeit als Handelsmetropole. Daran erinnern noch heute einige prachtvolle Bauten wie der ehemalige Wohnpalast des Sultans oder der Zeremonienpalast Beit al-Ajaib, das »Haus der Wunder« genannt, weil es in Ostafrika das erste Gebäude mit Elektrizität war; ferner das um 1887 errichtete Old Dispensary mit seinen hölzernen Balustraden, und das mächtige Arabische Fort aus dem 17. Jahrhundert sowie fast fünfzig Moscheen und viele weiße Prachtbauten aus Korallensteinen, mit hölzernen Vorbauten, Erkern und Veranden.

Vor allem im engen Gassengewirr der historischen Altstadt, auch *Stone Town* genannt, wirkten viele Häuser wie aus einem Märchen von Scheherazade. Fast dreitausend Bauten umfasst die Altstadt – ein verschachteltes Durcheinander architektonischer Vielfalt. Jahrhundertealte Gebäude mit Zinnen und Verzierungen, Ornamenten und kunstvollen Balkonen aus Teakholz, die über den Gassen hingen. Und dann die geschnitzten Holztüren mit ihren glänzenden Beschlägen aus Messing. Mehr als fünfhundert dieser prunkvollen Holzportale sind heute noch erhalten, die ältesten aus dem 17. Jahrhundert. Alle diese Stilelemente erinnern an jene Zeit, als die Sansibarer mit Gewürzen, Elfenbein und Sklaven so hohe Gewinne erzielten, dass der Sultan von Oman seinen Sitz samt dreier Ehefrauen und fünfundsiebzig Konkubinen auf das entrückte Eiland verlegte.

Mittlerweile ist es mehr als hundertfünfzig Jahre her, dass steinreiche Sklaven- und Gewürzhändler in der *Stone Town* ihre stolzen Häuser und Paläste mit luftigen Dachgärten bauten. Ein Weltkulturerbe, das trotz intensiver Renovierungsarbeiten vielerorts vom Zerfall bedroht ist. Überall sind Verwitterungsspuren von Sonne, Wind und Regen sichtbar. Poröser Korallenkalk bröckelte von den Fassaden, grünliche Algen wucherten in feinen Pelzbüscheln auf maroden Gebäuden, Termiten wüteten im Mangrovengebälk, bohrten unaufhaltsam ihre Gänge. Und immer wieder sah ich Bauruinen und Trümmerschutthalden.

An manchen Tagen spazierte ich stundenlang durch das Labyrinth der Altstadt, die wie eine sanft geschwungene Halbinsel in den glitzernden Sansibar-Kanal hinein ragt. Ich folgte dunklen Gängen, die zu hellen Plätzen führten, erhaschte kurze Einblicke in ruhige Innenhöfe, wo das Familienleben der Sansibarer stattfand, sprang beiseite, wenn lachende Kinder auf rostigen Fahrrädern mit lautem Klingeln durch die Gassen flitzten, in denen Licht und Schatten extreme Kontraste zeichneten, während der Duft von Zimt, Kardamom und Nelken allgegenwärtig war. Ich grüßte im Vorübergehen Händler und Straßenhandwerker, die ihrer Arbeit nachgingen, passierte zahllose Stände und Ladenverschläge, sah weißbärtige Alte, die nach keinem höheren Ziel zu streben schienen, als auf einem kleinen Hocker vor ihrem Haus zu sitzen. Dann wieder junge Männer in bodenlangen weißen oder beigefarbenen Gewändern, auf dem Kopf die bestickte Gebetskappe. Ich sah Frauen mit Henna-Malereien an Händen und Füßen, die in leuchtende Kanga-Tücher gekleidet waren – gelb, orange, rot, rosa, blau und grün. Was für eine Farbigkeit! Und nicht zu vergessen die Vielfalt der Völker: Araber, Inder, Perser, Schwarzafrikaner – Muslime, Christen, Hindus; und alle lebten friedlich miteinander. Pluralität hat auf Sansibar Tradition, denn seit Jahrhunderten kamen Seeleute und Händler mit den Monsunwinden aus Afrika und Indien, aus den arabischen Scheichtümern am Roten Meer und dem Persischen Golf. Viele blieben und vermischen sich mit der lokalen Inselbevölkerung. So kamen die Sansibarer auch zu ihrem Namen – »Kinder des Monsuns«. Menschen, die mit Würde, Anmut und trotzigem Stolz dahinschritten, fast immer zum Lachen bereit. Menschen, die mir im Gespräch sagten, dass Sansibar die schönste Insel der Welt sei. Menschen voller Selbstbewusstsein, das sich – nach dreißig Jahren planwirtschaftlichem Sozialismus – aus der täglichen Selbstbehauptung entwickelt hatte.

Doch Sansibar ist weit mehr als nur ein Schmelztiegel der Kulturen: tropisches Palmenparadies und romantisches Reiseziel, schwüles Treibhaus und duftende Gewürzinsel, pulsierendes Handelszentrum und Drehscheibe internationaler Politik, zauberhaftes Tauchdorado und Hochburg der Muslime. Vor allem ist Sansibar aber das Tor zum Schwarzen Kontinent – schließlich trennen nur vierzig Kilometer die Insel von der Ostküste Tansanias. Eine geographisch günstige Lage, die viele europäische Entdecker und Forscher als Ausgangspunkt ihrer Expeditionen nutzten. Auf Sansibar kauften sie den nötigen Proviant, organisierten Träger und Führer, ehe sie per Schiff zur ostafrikanischen Küste aufbrachen. Viele Kolonialabenteurer haben auf Sansibar ihre Spuren hinterlassen: Richard Francis Burton, James Augustus Grant, John Hanning Speke, David Livingstone und Henry Morton Stanley.

Mit dem Reisebericht *Wie ich Livingstone fand* von Henry M. Stanley (1841–1904) saß ich anderntags auf der Terrasse eines Restaurants mit Seeblick. Ein sanfter Wind fächelte die Blätter einiger Palmenkronen, und ich genoss die Ruhe, brauchte ein bisschen Abstand von dem ständigen Gewusel, den grellen Farben, den unermüdlichen Stimmen und den lachenden Kindern, die immer wieder drollige Grimassen schnitten. Ich ließ mir eine kleine Mahlzeit schmecken und blätterte nebenher in Stanleys Buch, das der englische Journalist über seine Reise in das Innere des Schwarzen Kontinents geschrieben hatte. Vom Herausgeber des *New York Herald* hatte er zuvor den Auftrag erhalten, ins ferne Afrika zu reisen, um den dort verschollenen Missionar und Entdecker David Livingstone zu suchen. Auch Stanleys Expedition, die ihn 236 Tage durch Ostafrika führte, ehe er den Vermissten aufspürte und die beiden ihre Reise gemeinsam fortsetzten, begann auf Sansibar. Für ihn war die Insel »das schönste Kleinod der Schöpfung«, und er »sah Straßen, die von solide aussehenden Häusern mit flachen Dächern gesäumt wurden, mit großen, geschnitzten Türen und Messingklopfern, vor denen Sklaven mit übereinandergeschlagenen Beinen saßen und die Eingänge zu den Häusern ihrer Herren bewach-

SANSIBAR: IM INSELINNEREN ERSTRECKEN SICH
ÜPPIGE PALMENWÄLDER.

ten: eine seichte Meeresbucht, auf der sich Dhauen, Nachen, Boote und ein paar vereinzelte Bugsierdampfer befanden, welche auf dem von der Ebbe zurückgelassenen Schlammmeer seitlich übergeneigt dalagen. Ich sah einen Ort, der Nasi-Moja heißt, wohin sich die Europäer des Abends mit langsamen Schritten (…) begeben, um die liebliche Luft einzuatmen, die, wenn die rote Sonne im Westen untergeht, von der See ausströmt. Ich sah noch viele andere Dinge, die sich so ineinanderwirrten, dass ich zu Bett gehen musste, wenn ich imstande bleiben wollte, die sich verschiebenden Bilder auseinanderzuhalten und das Arabische von Afrikanischen (…) zu unterscheiden.

Sansibar ist das Bagdad, das Isfahan oder Istanbul, wie man will, von Ostafrika. Es ist der große Markt, welcher die Elfenbeinhändler aus dem Inneren Afrikas anlockt. Dahin kommen das Kopalharz, die Häute, das Bauholz und die schwarzen Sklaven Afrikas. (…) Dieselbe Art des Handelns herrscht hier wie in allen mohammedanischen Ländern vor, ja, es ist dieselbe, wie sie lange vor der Geburt Moses' existiert hat. (…) Dem Neuankömmling erscheinen die Maskat-Araber von Sansibar im höchsten Grade interessant. Sie haben eine gewisse Geschäftigkeit an sich, die man bewundern muss. Die meisten kommen als Handelsreisende. Oft schon haben sie sich in gefahrvollen Lagen befunden, die sie meistern mussten, wenn sie in Zentralafrika vordrangen, um das kostbare Elfenbein zu bekommen, und dies sowie ihre reichen Erfahrungen haben ihren Gesichtern einen gewissen unverkennbaren Zug von Selbstvertrauen und Selbstgenügsamkeit gegeben, sie haben etwas Ruhiges, Entschlossenes, Trotziges, Unabhängiges an sich, was jedem unbewusst Respekt abnötigt. Die Erzählungen einiger dieser Leute können meines Erachtens viele Bände spannender Abenteuer füllen.«

Natürlich besuchte ich in Sansibar-Stadt das Haus von David Livingstone (1813–1873) östlich des Dhau-Hafens, unweit der Gulioni-Bridge nahe dem Meer. Ein zweistöckiges, etwas heruntergekommenes Gebäude, in dem der schottische Arzt und Missionar zwischen Januar und März 1866 lebte. Er nutzte seinen Sansibar-Aufenthalt vor allem dazu, sich gegen die Sklaverei einzusetzen, ehe er sich erneut der Liebe zu Afrika hingab, wo er dreißig Jahre seines Lebens mit einsamen Wanderungen verbrachte. Seine außergewöhnlichen Entdeckungen stellten damals alle ähnlichen Bemühungen seiner Zeitgenossen in den Schatten, für die er die Verkörperung des Afrikaforschers schlechthin war.

*

Wenn ich Sansibar-Stadt im klapprigen Geländewagen verließ – vorbei an Eselskarren, Schwärmen von Radfahrern, offenen Kleinbussen und zahllosen Fußgängern, die Bündel oder Körbe auf dem Kopf trugen –, führten mich die Straßen hinein ins Gewürznelkenland. In endlosen Reihen war der duftende Insel-Reichtum am Straßenrand aufgehäuft, um in der Sonne zu trocknen. Dieses Eiland muss man wahrlich paradiesisch nennen: Millionen von Palmen, deren Wipfel mächtige Blätterkuppeln bildeten, wechselten mit Maniokfeldern, Bananenstauden, Kaffee- und Pfefferbeerensträuchern. Ich sah Zimt-, Tulpen-, Muskatnuss- und Brotfruchtbäume, bestaunte Ananas, Ingwer, Lemongrass, grünen Kardamom, rote Chilischoten, kastanienähnliche Lippenstiftfrüchte und nie gesehene Bäume, deren Blüten so rot waren, als würden sie in Flammen stehen. Ein unglaublicher Pflanzenkosmos, der in den vielfältigsten Farben leuchtete. Und Grün in allen Schattierungen, wild und verschwenderisch. Mittendrin bunte Finken und ein paar Lehmhütten, deren Dächer mit Palmenblättern gedeckt waren. Bambuszäune grenzten Gemüsebeete in roter Erde ein, auf denen Männer und Frauen mit der Hacke arbeiteten. Nicht zu vergessen die gelegentlichen Ausblicke auf das türkisfarbene Meer, auf kleine Buchten voller Ursprünglichkeit, in denen die Wellen an den Strand rollten. Endlose Traumstrände wie aus *Robinson Crusoe*, einsam und entrückt oder mit johlenden Fußballspielern.

Sansibar ist nicht groß: dreißig, vierzig Kilometer nach Osten, fünfzig, sechzig Kilometer nach Süden sowie zur Nordspitze, wo ich auf dem puderzuckerweißen Strand von Nungwi entlang spazierte und die verstreuten Hütten einiger Tausend Einwohner eine Kleinstadt bildeten. Aus schmucken Strandlokalen erklang Reggae-Musik. Von einem fliegenden Händler kaufte ich eine Kokosnuss, die er mit einer Machete aufschlug und deren Wasser ich durstig trank. Dann setzte ich mich an den Strand, hielt meine Füße ins Wasser und schaute einigen Jungs zu, die ein paar Krebse an Schnürchen durch den Sand laufen ließen. Andere spielten mit ihren selbst gebauten Dhau-Modellen im glitzernden Türkis; geschickt hatten sie einige Holzstücke zu einem Schiffchen ineinandergesteckt, eine zerschnittene Plastiktüte diente als Segel. So kamen die Kinder der Sansibarer spielerisch den Geheimnissen von Wind und Wellen auf die Spur.

Nur ein paar Hundert Meter weiter zimmerte eine Handvoll Männer mit geschmiedeten Werkzeugen eine mächtige Dhau aus rohen Mangrovenhölzern, die irgendwann mit einem gehissten Dreieckssegel in See stechen würde. Immer seltener bekamen die sansibarischen Bootsbauer Aufträge zu Dhau-Neubauten, und nur wenige Schiffszimmerer beherrschen bis heute die uralte Kunst, mit der Axt rohe Planken und Spanten zu bearbeiten und einen Schiffsleib zusammenzufügen. Außer auf Sansibar und Lamu werden die rund zwanzig Meter langen Dhauen, die seit Jahrhunderten im Rhythmus der Monsunwinde über den Indischen Ozean segelten, nur noch im Oman – dort in Sur und Maskat, im jemenitischen Aden und im indischen Calicut – nach traditioneller Art gebaut.

Meine Freude war groß, als ich den Zimmerleuten bei ihrer Arbeit zuschauen durfte. Hier, im Norden Sansibars, war nämlich die traditionelle Schiffbaukunst noch lebendig, um all die charakteristischen Merkmale einer seetüchtigen Dhau zu gestalten: bauchiger Rumpf, kurzer Kiel, gerader Steven, kantiges Heck und ein hoher Schrägmast, der bugwärts geneigt ist. Bei allen Arbeitsabläufen – sägen, hämmern, bohren, schleifen – benutzten die sansibarischen Zimmerleute keine modernen Maschinen, sondern traditionelle Werkzeuge wie zum Beispiel den mittelalterlichen Drillbohrer. Hierbei wurde ein Bogen stetig hin- und hergezogen, während die daran befestigte Schnur einen Bohrkopf bewegte, der Löcher in das Holz trieb. Allerdings werden die Bootsplanken, die früher mit Lederbändern oder Kokosfasern zusammengehalten wurden, damit der Schiffsrumpf in bewegter See elastisch reagierte, mittlerweile mit Eisenbolzen, Schrauben und Nägeln befestigt. Überdies verfügen alle neu gebauten Dhauen über einen Dieselmotor.

*

Irgendwer hatte mir gesagt: »Sie müssen nach Changuu Island. Es ist ein Stück vom Paradies!« So kam es, dass zwei junge Sansibarer mich in einem langen Einbaum stakend und segelnd über eine sechs Kilometer breite Meerenge brachten. Fast eine Stunde tanzte die roh geschnitzte Piroge im Auf und Ab des kabbeligen Wassers, ehe der Kiel knirschend auf weißen, weichen Sandstrand lief, in den einzelne salz- und sonnengebleichte Felsen eingestreut waren.

Ich watete an Land, und sofort zog mich Changuu Island in den Bann. Ein tropisches Atoll mit vorgelagertem Korallenriff und einer Länge von etwa achthundert Metern, das an der breitesten Stelle nur vierhundert Meter misst. Ein flaches Eiland im türkisblauen Meer, das für jeden sehnsüchtigen Inseltraum Modell stehen könnte.

Seit undenklichen Zeiten war Changuu Island unbewohnt und nicht mehr als ein Pünktchen auf den Seekarten des Indischen Ozeans. Erst im 19. Jahrhundert bekamen zwei arabische Sklavenhändler das Atoll vom ersten Sultan Sansibars, Majid bin Said (1834–1870), geschenkt; sie errichteten an diesem Ort ein Gefängnis für »ungehorsame« Sklaven, um die verschleppten Afrikaner zu »züchtigen«, ehe sie auf dem Sklavenmarkt in Sansibar-Stadt zum Verkauf angeboten wurden. Ab 1931 wurde das Zuchthaus als Quarantänestation für Gelbfieberpatienten genutzt, und kurzzeitig galt Changuu, dessen Name ein Suaheli-Wort für einen in diesen Gewässern beheimateten Fisch ist, auch als Standort für den Abbau von Korallen.

Ich fühlte mich wie Robinson Crusoe, als ich auf einem schmalen Pfad durch den tropischen Pflanzenwald streifte, der aus windzerzausten Palmen, verflochtenen Mangrovenhainen und üppigem Buschwerk bestand. Ein Ort, an dem man den Rest der Welt völlig vergessen konnte. Es war, als wäre ich in einen verzauberten Garten geraten mit bunten Vögeln und Riesenschildkröten, die von arabischen Seeleuten vor beinahe hundert Jahren vom Seychellenatoll Aldabra nach Changuu Island gebracht wurden. Damals waren es nur vier Schildkröten, die als Geschenk des ehemaligen Gouverneurs auf Changuu ausgesetzt wurden. Heute sind es fast einhundert. Wie Wesen aus einer anderen Welt schoben sich die massigen Reptilien mit dumpfem Schnaufen über einen federnden Teppich aus Blättern und Palmwedel. Ihre mächtigen Panzer wirken wie überdimensionale Stahlhelme.

Doch diese Insel war nicht nur idyllisches Paradies, sondern auch ein Ort des Schreckens. Das wurde mir deutlich bewusst, als ich unvermittelt vor den Überresten des Zuchthauses stand, in dessen Zellentrakten noch vor hundert Jahren afrikanische Sklaven inhaftiert waren, weshalb das Atoll auch »Prison Island« heißt. Es war noch alles da: die Verliese und Zellen, nur wenige Quadratmeter groß, die massiven Eisenketten und vergitterten Fenster, hinter denen die Eingekerkerten einst hockten und in die inzwischen dichtes Grün hineinwucherte.

Auf dem rechteckigen Innenhof des Zuchthauses, umgeben von braunroten Mauern, war es leicht, sich die brutalen Gefängnisaufseher vorzustellen, die geschundene Sklaven mit Pistole und Bambusrute in modrige Kerker mit schmalen Einlässen trieben, aus denen es kein Entfliehen gab. Was müssen Erniedrigungen und Wut, Angst und Hass in den Gefangenen ausgelöst haben, die in ihren Zellen an eiserne Fußschellen gekettet waren. Angesichts des

Wahnsinns, den Sklavenhändler hier einst praktizierten, erfasste mich großes Unbehagen; dies war definitiv kein Ort zum Verweilen.

*

An der Rückfront der Gefängnisruine breitete sich ein undurchdringliches Dickicht aus. Ein Gemisch aus verflochtenem Wurzelwerk und Gestrüpp, verästelten Ranken und meterhohem Gras. Widerspenstiges Buschwerk ragte bis zu den Baumwipfeln auf, die sich zu einem zwielichtigen Faltendach zusammenschlossen. Gleich dahinter das Meer, das, mit Schaumkronen aufgeputzt, von einem endlosen Horizont heranrollte. Weit draußen war das Wasser tief dunkelblau und veränderte sich in Inselnähe, wo es von Flaschengrün zu lichtem Himmelblau wechselte, ehe es transparent auf dem Strand auslief. Wind strich sanft über die Haut. Was für ein Kontrast! Hatte ich eben noch die modrige Enge der Kerkerräume bedrückend vor Augen, stand mir nun die Unendlichkeit des Meeres und des Himmels gegenüber, blauer und strahlender als in jedem Traum.

Es war bereits später Nachmittag geworden, und das Thermometer zeigte noch immer 30 Grad Celsius. Auf meiner Stirn hatten sich Schweißtropfen gebildet, die mir in die Augen liefen und zu brennen begannen. Um etwas auszuruhen hockte ich mich in den Sand, als es zu dämmern begann. Nur etwa zehn, fünfzehn Minuten währte das Naturschauspiel, aber was für eins! Himmel und Wasser leuchteten in Rot und Orange – und dann verglühte das Licht nahezu abrupt. Schneeweiße Wolken verschmolzen zu einem letzten zarten Violett. Dann Stille. Nichts war zu hören und kein Windhauch zu spüren, während sich das Blau des Meeres mehr und mehr vertiefte. Unvermittelt musste ich daran denken, dass beide Inselwelten – Changuu und Sansibar – ihre gegensätzlichen Gesichter hatten, die von Idylle und Schrecken geprägt waren.

Changuu Island und Sansibar waren in der historischen Rückschau immer beides – Archipele der Glückseligen und Inseln der Verdammten.

ITHAKA

Von Troja durchs Mittelmeer oder
die Sehnsucht des Odysseus

»Ich bin Odysseus, Laertes' Sohn, durch mancherlei Klugheit unter
den Menschen bekannt; mein Ruhm reicht bis in den Himmel.
Aber in Ithaka wohn' ich, der sonnigen; drinnen erhebt sich Neriton,
waldumrauscht, mit ragendem Haupte (…) Rau zwar ist sie,
doch nährt sie rüstige Männer; und wahrlich, süßer als Vaterland
ist nichts auf Erden zu finden!«

HOMER, *ODYSSEE*, IX

Wenn ich an Ithaka denke, rieche ich Olivenöl, Ziegenkäse,
trockenen Retsina-Wein und gebratenen Fisch. Dem Zauber dieser griechischen Insel im Ionischen Meer war ich sofort erlegen, als ich Odysseus' Heimat erreichte, nachdem
ich Homers *Odyssee* nachgereist war, kreuz und quer durch
das Mittelmeer, in wogender Weite und endlosem Blau.

Auf Ithaka fühlte ich, weshalb Odysseus, allen Versuchungen und Hindernissen zum Trotz, seine Sehnsucht
nach der Heimat nie aufgegeben hatte. Alle meine je gehef-
ten Erwartungen wurden hier weit übertroffen. Und nie
werde ich jenen Augenblick vergessen, als ich am Strand
der Dexia-Bucht stand, die einst Phorkys-Bucht genannt
wurde, über die Homer in der *Odyssee* schrieb: »Phorkys,
dem Alten des Meeres, ist eine der Buchten geheiligt, gegen der Ithaker Stadt; zwei steil vorspringende Klippen ra-

gen zackig hinaus und senken sich gegen die Bucht hin. Diese halten bei stürmischem Wind die mächtigen Wogen draußen, und drinnen ruhn die schön gebordeten Schiffe ohne Fessel, sobald sie das Ziel des Hafens erreichten.« Selbst nach weit mehr als zweieinhalbtausend Jahren der Entstehung des Odyssee-Textes stimmte die Beschreibung Homers mit dem Landschaftsbild dieser Bucht überein, in der die Phäaken den schlafenden Odysseus nach der Heimkehr von seiner zehnjährigen Irrfahrt an den Strand legten. Tiefblau schimmerte das Wasser der Dexia-Bucht, die von sanft ansteigenden Hügeln umrahmt war. Üppig und wild wucherte die Vegetation. Myrten- und Ölbäume, Salbeisträucher und Thymian, Oleander und Ginster wuchsen eng beieinander und verströmten ihre aromatischen Düfte.

Hier, wo der Held meiner Jugend wieder heimatlichen Boden betrat, nahm ich ein erfrischendes Bad, ehe ich einen schmalen, steinigen Ziegenpfad hinaufstieg, um im Süden der Insel jene Grotte der Nymphen zu besuchen, in der Odysseus die von den Phäaken erhaltenen Gastgeschenke verbarg, wie es ihm seine Schutzgöttin Athene aufgetragen hatte. Diese Höhle, so schrieb Homer, ist »eine Grotte, lieblich und dämmrig, und den Nymphen geweiht, die sie Najaden benennen. Drinnen stehen Krüge und zweigehenkelte Urnen, solche von Stein, umher; darin aber bauen die Bienen. Auch Webstühle von Stein sind da, gar große; die Nymphen weben Gewande daran, meerpurpurn, Wunder dem Anblick. Unversiegende Quellen durchströmen sie. Zwei sind der Pforten: Eine dem Nordwind zu, durch welche die Menschen hinabgehn, aber zum Süd die andre, geheiligte: diese durchschreiten Menschen nicht, sie ist allein der Unsterblichen Eingang.«

ITHAKA: VON DER POLIS-BUCHT SOLL ODYSSEUS MIT
SEINER FLOTTE NACH TROJA IN SEE GESTOCHEN SEIN.

Noch immer hat die Nymphen-Grotte zwei Einstiege. Ich zwängte mich durch den sogenannten »Menscheneingang«, einen schmalen Felsspalt von nur eineinhalb Metern Höhe und der Breite eines halben Meters, der mit einer Gittertür verschlossen werden konnte. Über einige Steinstufen gelangte ich in das dämmrige Gewölbe hinab, das einst auch antike Kultstätte gewesen sein soll. Hoch oben, in etwa zehn Metern Höhe, entdeckte ich die Öffnung in der Felsdecke, die als Zugang der Götter gilt. Wie ein Scheinwerfer flutete von dort ein schmaler Strahl Sonnenlicht in die Grotte. Um die Höhle genauer zu betrachten, nahm ich eine Taschenlampe hervor, deren Schein bizarre Gesteinsformationen in vielfältigsten Farben offenbarte. Mein Blick tastete über ein Gewirr von skurrilen Tropfsteinen, die frei von der Decke hingen. Eine unterirdische Traumlandschaft – aber kalt und feucht.

Wieder im Freien, wanderte ich durch eine zerklüftete Berglandschaft, stieg höher und durch dichtes, wildwucherndes Gestrüpp zum weitläufigen Hochplateau von Marathia, wo ich mich auf einem Felsklotz niederließ. Die Luft war mit berauschenden Pflanzendüften geschwängert, während mein Blick hinaus auf die Ionische See schweifte, die in allen Blautönen schimmerte. Darüber das unbeschreibliche Blau des griechischen Himmels.

*

Seit ich in Jugendjahren die griechischen Sagen gelesen hatte, träumte ich von Odysseus und seiner phantastischen Irrfahrt, träumte von Kikonen und Lotophagen, von Zyklopen und Lästrygonen, von Skylla und Charybdis, von der Zauberin Kirke und der Meernymphe Kalypso. Doch mehr als fünfundzwanzig Jahre blieb eine Reise auf Odysseus' Spuren ein Traum, bis ich endlich aufbrach. Eine Sehnsuchtsreise, die mich von Troja nach Ithaka führte, rund fünftausend Seemeilen kreuz und quer durch das Mittelmeer – im Segelboot, mit einer tunesischen Feluke, per Faltboot und sogar auf einem selbst gebauten Floß. Über einen Zeitraum von zehn Jahren reiste ich auf Odysseus' fiktiver Seeroute – jedes Jahr ein paar Wochen oder Monate.

Meine odysseische Spurensuche begann in Troja – magischer Name und sagenumwobene Ruinenstadt der Antike. Wie ein Zeitfenster vermittelten mir die Reste der Vergangenheit den Schauplatz des Krieges zwischen Griechen und Trojanern, der etwa 1200 vor Christus mit der Zerstörung Trojas endete. Hier hatten sich die großen Ereignisse zugetragen, von denen Homer berichtete: Unter dem Oberbefehl von Agamemnon, König von Mykene, waren die Achäer mit einer riesigen Flotte nach Troja gekommen, um die Entführung Helenas zu rächen, der Frau von Agamemnons Bruder Menelaos von Sparta. Hier war es, wo Achilles Hektor zu Tode schleifte und sich die Schicksale von Ajax und Patroklos erfüllten. Und hier war es, wo Odysseus die Trojaner mit dem Weihgeschenk eines hölzernen Riesenpferdes überlistete, in dessen Bauch sich die dreißig tapfersten Krieger der Achäer verbargen, und die Stadt des greisen Priamos', des letzten Königs von Troja, in einer großen Feuersbrunst dem Erdboden gleichmachte.

Noch heute sind die Namen Homer und Heinrich Schliemann mit der Festung Troja untrennbar verbunden. Der Eine ein Dichter, der mit seinen Epen *Ilias* und *Odyssee* die ersten Texte der abendländischen Weltliteratur verfasste. Der Andere ein Pastorensohn aus Mecklenburg, der so felsenfest an die wahre Existenz Trojas glaubte, dass er sich vor weit mehr als einhundert Jahren aufmachte, das heilige Ilion – die Hauptstadt von Troja – zu suchen. Diese Burg glaubte Schliemann 1871 gefunden zu haben, und zwar an dem Ruinenhügel von Hisarlik. Damit wurde der Nordwesten der Türkei zum Mittelpunkt der modernen Archäologie.

Troja gleicht heute einer verschachtelten Trümmerlandschaft, die sich auf einem Terrain von rund 20 000 Quadratmetern erstreckt. Vom einstigen *Festplatz der Götter*, der nach Kriegsstürmen und Erdbeben immer wieder aufgebaut wurde, ist kaum mehr etwas zu erkennen. Die Realität ist vielmehr ernüchternd: Zwischen verdorrten Gräsern, buschigem Gestrüpp und wild verzweigten Bäumen stellen antike Mauerreste und Gesteinsblöcke in unterschiedlichen Größen eine der berühmtesten Ruinenanlagen der Weltgeschichte dar. Neun Schichten gewachsener Siedlungs- und Stadtanlagen liegen hier übereinander und ziehen nach wie vor Wissenschaftler aus aller Welt an diesen Ort.

*

Fast an gleicher Stelle, wo die Schiffe des Odysseus nach der Zerstörung Trojas zur Heimfahrt gen Ithaka in See gestochen sein sollen, begann auch meine Reise durch das Mittelmeer – eines der faszinierendsten Gewässer der Welt, voller Mythen und Geheimnisse. Doch welchen Kurs nahm Odysseus mit seinen Gefährten? Wo trieb er sich in den zehn Jahren seiner Irrfahrt tatsächlich herum?

Wir kennen heute fast vier Dutzend Theorien, von denen einige recht befremdlich anmuten: Da werden die

Geschehnisse der *Odyssee* über Gibraltar hinaus zu den Kanarischen Inseln verlegt, nach Schottland, Helgoland und über das Schwarze Meer bis Wladiwostok. Sogar bis Südkorea schickte man den listenreichen und duldsamen Abenteurer, sodass das Irrfahrt-Epos nicht mehr im Mittelmeer, sondern im Japanischen Meer stattfand.

Ich selbst wählte eine Route, die mir Homer vorgab. Seine *Odyssee* ist nämlich nicht nur Fabel oder Mythos, sondern auch ältester Seereisebericht der Weltliteratur. Und das, obgleich das homerische Monumentalwerk gelegentlich von einer Dornenhecke literarischer Rätsel umgeben ist. Diese »Verschlüsselungen« löste ich in detektivischer Kleinarbeit, dechiffrierte und interpretierte die Texte auf phantasievolle Weise, ehe mir die geographischen Schauplätze der *Odyssee* konkret vorstellbar wurden und sich der Realität zuordnen ließen. Eine Arbeit, die mir bewusst machte, dass sich die Seereise des legendären Griechen gleichermaßen im Reich der Fabel wie auch in der Wirklichkeit bewegte.

Aufschluss gaben mir auch zahlreiche archäologische Ausgrabungsfunde im mediterranen Raum, die mittlerweile beweisen, dass die *Odyssee* trotz all ihrer poetischen Umschreibungen in historische Fakten eingreift, von denen das antike Griechenland bestimmt wurde. Legendäre Elemente des homerischen Monumentalwerkes sind somit eng verwoben mit tatsächlichen Ereignissen und herausragenden Heldentaten geschichtlicher Persönlichkeiten. Beim Lesen und der systematischen Durchsicht der *Odyssee* lassen sich verblüffend präzise Fakten der Nautik und des Klimas finden. Man erfährt vom Stand der Gestirne, von Fauna und Flora sowie vom sozialen und religiösen Leben verschiedener Völker, was die Vermutung erhärtet, dass Homer entweder selbst an großen Seereisen im Mittelmeerraum teilnahm oder aber engen Kontakt zu Seeleuten hatte. Wer dieser Homer auch immer war, der die Irrfahrt des Odysseus ein paar hundert Jahre nach dem Trojanischen Krieg in Verse gefasst hat – er muss ausgezeichnete Informationen aus der antiken Seefahrerszene gehabt haben. Wie sonst hätte er all die Naturwunder und Besonderheiten des Mittelmeers so genau beschreiben können?

Die Fülle der homerischen Informationen über das Leben in antiker Zeit ist es vor allem, die das Irrfahrt-Epos zu einem Logbuch wirklichkeitsnaher Abenteuerfahrt macht, wenngleich alle geographischen Deutungsversuche der weltberühmten Seereise (meine eigenen Interpretationsversuche natürlich eingeschlossen) nie ohne Widersprüche bleiben. Denn Homer hat seine Dichtung sicher nicht für die Nachwelt geschrieben, um hellenisches Leben zu überliefern, sondern um im 8. Jahrhundert vor Christus zu unterhalten.

*

Meer und Himmel schimmerten im gleichen Blau, als ich von Troja mit einem Motorsegler auf die offene See hinausglitt. Es ging nach Norden zum griechischen Festland, wo die thrakische Küste einst als Reich der Kikonen galt – einem mit den Trojanern verbündeten Volk, das Odysseus mit seinen Kriegern bei der Stadt Ismaros niedermachte. Für diese Tat wurde Ithakas König vom Meeresgott Poseidon verflucht, sodass er zehn Jahre auf dem Meer umherirrte, all seine Gefährten und Schiffe verlor, bis er, als Bettler verkleidet, heimkehrte und mit seinem Sohn Telemachos die zudringlichen Freier seiner Gattin Penelope tötete.

Die vermeintliche Irrfahrt-Route des Odysseus war für mich nicht nur geographischer Traum, sondern auch Abenteuer in Wind und Wellen, denn die Launen der Natur waren immer wieder unberechenbar. Gleichwohl nahm ich Kurs auf die Ägäis, angetrieben vom Meltemi-Nordwind, den schon die altgriechischen Seefahrer für ihren Schiffsverkehr zwischen Kleinasien, der Peloponnes und Ägypten nutzten. Vorbei an Limnos und Skyros segelte ich zu den Kykladen: ein Name, der sich auf das griechische Wort *kyklos* für Kreis bezieht. Und als solcher liegen die neununddreißig Kykladen-Inseln inmitten der Ägäischen See. Ein Inselkosmos, der älter ist als die griechische Kultur.

Sinnbild der Kykladen sind die Farben Blau und Weiß. In dieser wunderbaren Farbsymbiose sieht man Hauswände und Treppen, Türen und Fensterläden, Stühle und Tische, Sonnenschirme und Boote. Blau und Weiß erhellen das Gemüt und entsprechen dem griechischen Lebensgefühl.

Mein erstes Kykladen-Ziel war Paros. Eine liebliche Insel mit schneeweißen Windmühlen und leuchtend roten Paradiesapfelblüten, die durch den parischen Marmor berühmt wurde. Hier wanderte ich mit einem Maultier ins sogenannte »Schmetterlingstal«, einen tropischen Garten, in dem Tausende von Schmetterlingen lebten. Manche hingen in dicken Trauben an Büschen und Bäumen, und wenn ich mich ihnen näherte, verwandelten sie sich in flatternde bunte Wolken.

Auf Naxos, der größten und fruchtbarsten Kykladen-Insel, wechselten terrassierte Weingärten und malerische Klosterburgen mit venezianischen Festungen, wilden Schluchten und hohen Bergmassiven, an deren ginsterbewachsenen Hängen kleine weiße Bergdörfer klebten. Naxos gilt als Heimat des Weingottes Dionysos und war Lord Byrons Trauminsel. Ebenso faszinierend erschien mir die Insel Ios, wo sich der Hauptort Chora im Licht der Sonne so hell wie ein Marmorsteinbruch präsentierte. Eine mehrstündige Wanderung durch dornige Macchia und über zerklüfteten Fels führte mich an den Nordoststrand. Dort entzifferte ich auf einigen rechteckigen Marmorblöcken das eingravierte Wort *Homer*, treffender gesagt *Homeron*. Hier will der holländische Baron van Krienen, Seeoffizier in russischen Diensten, um 1770 das »zweieinhalb Meter lange Skelett« des Homer in einem steinernen Sarkophag entdeckt haben. War es wirklich hier, wo der berühmte Dichter bestattet wurde? Wissenschaftler streiten noch heute um die Bedeutung dieser Stätte.

Ganz anders Santorin. Wie eine zerklüftete Mondsichel lag die südlichste Insel im Ring der Kykladen vor mir, als ich unter Segel in das vom Meer gefüllte Kraterbecken einfuhr, ein tiefblaues Binnenmeer, umgeben von steil aufragenden Felswänden. Hoch oben, am stehen gebliebenen Rand des versunkenen Kraters, thront in einer Höhe von dreihundert Metern Santorins Hauptort: Thera – ein Band weißer Häuser mit den typisch gewölbten Dächern und vielen blauen Kirchenkuppeln. Als Odysseus an den Kykladen entlangsegelte, waren die Menschen gerade dabei, diese eigentümliche Insel wieder zu besiedeln und ihren Wein zu pflanzen, der noch heute die Kraterhänge bedeckt – nachdem es etwa vierhundert Jahre zuvor zu der gewaltigsten Eruption mediterraner Geschichte gekommen war: Die Explosion eines Unterwasservulkans war so verheerend, dass nicht nur das Inselmassiv in drei Teile zerrissen wurde, sondern eine hundert Meter hohe Flutwelle die gesamte minoische Kultur auf Kreta vernichtete. Seit jener Katastrophe ranken sich viele Geheimnisse um Santorin – und Forscher fragen sich immer wieder aufs Neue: War hier das einst blühende Atlantis untergegangen? Beweise für diese Theorie gibt es nicht. Das hielt aber selbst den französischen Unterwasser-Professor Jacques-Yves Cousteau nicht davon ab, in den siebziger Jahren mit seinem Forschungsschiff *Calypso* rund um Santorin nach dem versunkenen Reich zu suchen. Doch selbst nach dreizehn Monaten archäologischer Arbeit blieben alle Bemühungen erfolglos.

*

Jenseits der Kykladen, so erfährt man bei Homer, hatten die Griechen ihre Heimat schon vor Augen, als Odysseus' Schiffe von einem schweren Sturm über das Mittelmeer getrieben wurden – bis hin zu einer großen Insel an der afrikanischen Küste: Djerba. Vermutlich das Land der Lotophagen. Schon Herodot, der Vater der Geschichtsschreibung, war der Auffassung, dass das sagenhafte Volk der Lotophagen auf einer vorgelagerten Insel Afrikas leben müsste.

Wie eine Oase ragte die achtundzwanzig Kilometer lange Inselschönheit aus dem Golf von Gabès, als ich nach neun Tagen auf See im Hafen von Djerba festmachte.

»Tahiti des Mittelmeeres« nennen die Djerbi ihre Insel – mit zwei Millionen Palmen, mehr als dreihundert Sonnentagen im Jahr, endlosen Sandstränden und azurblauem Meer. Tintenfische werden hier in Tontöpfen gefangen. Fischer legen die ungewöhnlichen Fallen ins Meer und warten, bis die Oktopusse in die Krüge kriechen.

Von diesem Paradies mochten sich Odysseus' Seeleute kaum trennen, denn »wer die Honigsüße der Lotusfrüchte gekostet hat, der dachte nicht mehr an Heimkehr«. Nur unter Zwang brachte Odysseus seine Mannschaft auf die Schiffe, deren nächstes Ziel die Insel Gozo war, unweit von Malta. Dort stieg ich in die Grotte der Kalypso hinab, in der Odysseus sieben Jahre gelebt und mit der schönen Nymphe neben Zwillingssöhnen noch einen weiteren Sohn gezeugt haben soll.

Weiter segelte ich durch die Straße von Messina, wo ich in widrige Winde und böse Strömungen geriet. Schon zu Odysseus' Zeiten lauerten hier der Strudel Charybdis und das sechsköpfige Meeresungetüm Skylla. Diese Ungeheuer, mit denen Odysseus rang, hatten ihre Vorbilder zweifelsohne in der verborgenen Wunderwelt des Mittelmeeres, die schon seit grauer Vorzeit – im Glauben der Menschen – mit seltsamen Schreckenswesen bevölkert war.

An der Westküste Siziliens suchte ich dann nach der Höhle des Zyklopen Polyphem. Mit zwölf seiner tapfersten Gefährten soll Odysseus diese Region, die als Reich der Einäugigen galt, erkundet haben. Seine listenreiche Flucht aus der Höhle des menschenverschlingenden Polyphem zählt zu den eindrucksvollsten Abenteuern des Irrfahrt-Epos. Einige Fischer in der sizilianischen Hafenstadt Trapani wiesen mir den Weg zu einer sechs Kilometer entfernten Felsgrotte, die zweifellos die Wohnung eines hünenhaften Zyklopen gewesen sein könnte. Doch anderntags bestaunte ich auf der Ägadischen Insel Levanzo eine noch phantastischere Höhle, die mir viel eher ein Zyklopen-Unterschlupf schien. Diese Grotte war zudem noch beträchtlich älter als die Geschichte um Odysseus: Wandbilder von Rindern und Antilopen zeugten von einer uralten europäischen Kultur.

Bei der Umschiffung der Liparischen Inseln, die als Heimat des Windgottes Aiolos gelten, überfielen mich Blitzkaskaden und Donnergrollen. Taub vom ohrenbetäubenden Krachen, suchte ich in der nächstbesten Bucht Unterschlupf. Die Insulaner bleiben bei den unberechenbaren Wetterkapriolen im Tyrrhenischen Meer dagegen gelassen. Sie sind es gewohnt, dass der Schirokko die See zuweilen schaumig schlägt und sogar die großen Fähren dann das tückische Gewässer meiden. Wie müsste es da erst den Schiffen des Odysseus ergangen sein, als seine neugierigen Gefährten den Sack des Windgottes Aiolos öffneten und die wilden Stürme entwichen?

Gleichwohl zählen die Liparischen Inseln zu den reizvollsten Zielen im Mittelmeer; Vulkane haben die sieben Inseln nördlich von Sizilien geprägt. Der Stromboli ist der aktivste Feuerberg Europas: Schon seit der Antike gilt dieser Vulkan den Seefahrern als Leuchtturm, und noch heute schleudert er rot glühende Lavabrocken in die Luft. Wer sich dem Stromboli mit der Nachtfähre von Neapel nähert, erlebt im Morgengrauen ein atemberaubendes Schauspiel. Der zweite Feuerberg heißt Vulcano und gab der ganzen Gattung den Namen. Beim Aufstieg zum Krater mischt sich der Duft von Ginster und Salbei mit Schwefelgeruch. Der Blick in den rauchenden Höllenschlund am Vulkangipfel ist ebenso beeindruckend wie die Aussicht über den gesamten Archipel.

Von den Liparischen Inseln segelte ich nach Korsika, wo die *schöngebordeten*, meist *blaugeschnäbelten* Schiffe des Odysseus von schrecklichen Lästrygonen zerstört wurden, und weiter ging es über das Tyrrhenische Meer nach Italien. Nördlich von Neapel passierte ich das Kap der Circeo, das nach der Zauberin Kirke, die Menschen in Tiere verwandelte, benannt ist, bevor ich bei Capri dem Heulen des Windes lauschte, das mir wie die Singstimmen der Sirenen erschien. War es hier, wo Odysseus mittschiffs am Mast gefesselt stand und die sinnesraubenden Gesänge der Dämonen hörte, die die griechischen Seefahrer ins Verderben locken wollten?

Schließlich erreichte ich das Ionische Meer und machte Station auf Korfu. Ein blühender Traumgarten mit italienischem Gesicht und urgriechischer Seele. Von hier wurde Odysseus auf Geheiß des Phäakenkönigs Alkinoos nach Ithaka heimgebracht; ich hingegen folgte seiner Seeroute auf einem selbst gebauten Floß von einundzwanzig Quadratmetern Fläche. Bei günstigen Winden, wärmender Sonne und blauem Himmel gelangte ich zu den Inseln Paxos, Antipaxos und Lefkas, bevor ein dunkelgraues Furioso über der See aufzog. Heftige Böen trieben mich vom Kurs ab – und ich landete an der Küste von Kefalonia. Als sich die Wetterlage tags darauf beruhigt hatte, verhieß ein stahlblauer Himmel bestes Segelwetter. Doch gegen Mittag wurde mein Floß abermals zum Spielball des Windes und driftete an den Ufersaum der Insel Zakynthos, wo ich alle Hände voll zu tun hatte, um den Strand zu erreichen, während mein selbst gebautes Fahrzeug in tosender Brandung zerschellte. Ein Debakel, das meine Wunschvorstellung – Ithaka auf einem selbst gebauten Floß zu erreichen – in weite Ferne rücken ließ.

Niedergeschlagen flog ich zurück nach Deutschland. Doch nur zwei Monate später trieb mich meine Sehnsucht erneut nach Zakynthos. Im Süden der Insel zimmerte ich zusammen mit meinem älteren Sohn Dirk ein neues Floß, um nach Ithaka zu gelangen. Sieben Tage lang arbeiteten wir mit Axt, Bügelsäge und Hammer, verschnürten Holzbalken und Plastiktonnen, errichteten einen dreieinhalb Meter hohen Mast, konstruierten zwei Ruderanlagen und verstauten unsere Ausrüstung in wasserdichten Kanistern, ehe wir mit geblähtem Segel in See stachen.

Nach Norden folgten wir der Küste von Zakynthos und genossen das ungezwungene Leben, das ein offenes Fahrzeug ohne Kajüte mit sich bringt. Abends lagen wir auf unseren Schlafsäcken am Strand. Über uns die Milchstraße, zum Greifen nahe. Millionen Sterne spiegelten sich in der glatten, schwarzen Fläche des Meeres. Und irgendwo schnaubten Delphine.

Als wir die Nordspitze der Insel erreichten, tobte am Skinari-Kap ein schwerer Sturm, und die See war weiß von Gischt. Unmöglich, über die Meerstraße nach Kefalonia und Ithaka zu gelangen. Tagelang warteten wir auf besseres Wetter, doch es blieb grau, diffus und stürmisch. Schließlich musste mein Sohn aus Zeitgründen zurück nach Hamburg. Zwei Tage später beruhigten sich Wind und Meer, der Himmel klarte auf und ich konnte aufbrechen – nach Ithaka, zur Heimatinsel des Odysseus.

*

Endlich Ithaka, die »steile Insel« – mein Sehnsuchtsziel. In der Polis-Bucht, wo Odysseus einst mit seiner Flotte nach Troja in See gestochen sein soll, ging ich an Land, das von gezackten Kalkbergen, wild wuchernder Vegetation und mediterranen Pflanzendüften geprägt war. Hier verstand ich sofort, warum Homer seinen Helden ausrufen ließ:

»Süßer als Vaterland ist nichts auf Erden zu finden!« Denn Odysseus' Traum – das war die Sehnsucht nach Geborgenheit und zu Hause.

Ithakas Fläche erstreckt sich über sechsundneunzig Quadratkilometer: vierundzwanzig Kilometer lang und an keiner Stelle breiter als fünf oder sechs Kilometer. Im Mittelteil verjüngt sich das Eiland durch den Molo-Golf sogar auf sechshundert Meter.

Fern vom modernen Tourismus ist Ithaka ein kleines, aber wunderschönes Eiland. Hier gibt es keinen Flughafen, und auch der Autoverkehr ist überschaubar. Schließlich zählt das ehemalige Königreich des Odysseus nur etwa dreitausend Einwohner. Vor allem jüngere Menschen haben in den vergangenen Jahren aufgrund der geringen Arbeitsmöglichkeiten die Insel verlassen. Industriegläubigkeit ist seit Jahren eine Ursache für die Inselflucht – nicht nur hier.

Die weitaus größte Ortschaft Ithakas ist Vathy. Wie ein Amphitheater umschließt das kleine Städtchen die gleichnamige Bucht im Inselsüden. Der fjordartige Naturhafen zählt zu den schönsten Griechenlands. Gut geschützt gegen fast alle Winde außer dem Nordwest, hat er für den Fährverkehr nur einen Zugang. Jedem Reisenden, der mit dem Schiff in die zauberhafte Hafenbucht einläuft, bietet sich ein Panorama, das Augen und Kamera fesselt: Eingerahmt von grünen Hügeln, auf denen Kiefern, Pinien, Oliven- und Zitronenbäume wachsen, liegen an der Hafenmole zahlreiche Segeljachten, geschmückt mit Flaggen aus vielen Ländern. Der beschauliche Ort ist harmonisch in die Landschaft integriert – mit weiß getünchten Häusern, blumengeschmückten Balkonen, einer Kirche, Pensionen, Krämerläden, engen Winkelgassen und Tavernen, in denen es nach Olivenöl, arabischen Gewürzen und Lammfleisch riecht. Wie in anderen behaglichen Küstendörfern findet man auch in Vathy die traditionellen griechischen *Kapheneia*, in denen vor allem die älteren Männer beim Kaffee oder einem Glas Wasser stundenlang sitzen und alles beobachten, die aktuellen lokalen Geschehnisse diskutieren, Karten spielen und das Komboloi, eine rosenkranzähnliche Perlenkette, zwischen ihren Fingern drehen, während ein paar Oliven, ein Stück Brot oder eine Tomatenscheibe gereicht werden. Hier lebt man mit der heiteren Gelassenheit des Fatalisten.

Ob mit oder ohne Cafés: Ithaka ist eine Insel jenseits des Alltäglichen. Eigenwillig und spröde, verkarstet und unwegsam – und dennoch unglaublich schön. Immer wieder entdeckte ich auf meinen Wanderungen entlang der Küste einsame und fischreiche Buchten, die mit Olivenhainen und schroffen Berghügeln wechselten. Die ganze Insel ist ein Naturtheater, übersät mit knorrigen Eichen, sonnenverbrannten Gräsern und ineinander verflochtenem Gestrüpp. Überall kletterten Ziegen steile Hänge hinauf, huschten Eidechsen über sandige Pfade. Archaische Szenerien aus Berg, Wald, Meer und Himmel. Ithaka hat die Einsamkeit, Stille und Einfachheit, die viele so sehr suchen – und andere so gar nicht ertragen.

In den kleinen Küstendörfern, von denen jedes sein eigenes Tempo hat, legen die Fischerfrauen die Netze zusammen und die Männer bereiten Köder für den nächsten Fang vor. Hier mischen sich die Gerüche von salzigem Meerwasser, Eselsmist und Bratfischspießen. Hier grüßt man die Einheimischen mit *Kalimera* und schaut zu Mittag oder zu Abend in die Töpfe der Tavernen, wie das in den kleinen griechischen Lokalen üblich ist, ehe man be-

ITHAKA: DAS MALERISCHE DORF KIONI IM NORDEN DER INSEL.

stellt. Und während die Bauern vor dem Fernsehapparat sitzen, manchmal auch ein Pope im würdigen schwarzen Gewand, das graue Haar zu einem Zopf geflochten, lassen sich streunende Katzen und magere Hunde neben dem Tisch nieder und warten geduldig auf Abfälle.

Griechischer Inselalltag ohne Schminke.

Das Naturtheater Ithaka steckt zudem voller antiker Historie: Hier wanderte ich zu Laertes' Landgut, wo der Vater des homerischen Helden ein karges Bauernleben führte; hier suchte ich auf dem Pelikatahügel die Reste der Odysseus-Stadt, pilgerte im Inselsüden zur Arethusa-Quelle und zum romantischen Marathia-Plateau hoch darüber, wo Heinrich Schliemann Steinreste mit der Behausung und den Ställen des Schweinehirten Eumäos in Verbindung brachte; ihn hatte Odysseus nach seiner Heimkehr auf Geheiß der Athene zuerst aufgesucht, weil er ihm während seiner zwanzigjährigen Abwesenheit als einer der wenigen die Treue gehalten hatte.

Und schließlich erstieg ich Ithakas 381 Meter hohen Berg Aetos. Vom Gipfelplateau, wo die Burg des Odysseus gestanden haben soll, bot sich mir ein phantastischer Ausblick über das Ionische Meer. Eine Handvoll Fischerboote tuckerte in der drei Kilometer breiten Meerenge zwischen Kefalonia und Ithaka hinaus zum nächtlichen Fang. Schaumkämme glitzerten golden im späten Licht. Und als der rote Feuerball der Sonne hinter dem Horizont verschwand, kam es mir vor, als verschwinde die Zeit gleich mit ihr. Noch einmal ließ ich die Stationen meiner Mittelmeerreise Revue passieren – und sinnierte: War Odysseus tatsächlich eine historische Gestalt oder nur eine fiktive Kunstfigur?

Will man dem Homer-Epos Glauben schenken, so war

Odysseus der Sohn des Laertes; ein listenreicher Inselkönig, der als einer der ersten griechischen Seefahrer das westliche Mittelmeer erkundete. Vielen Bewohnern Ithakas gilt er jedenfalls heute noch als reale Gestalt. Und vor allem in den Herzen mediterraner Seeleute segelt Odysseus immer weiter durch die Zeiten und Meere.

Für viele andere aber ist die Geschichte des Mannes, den es unbeirrbar nach Hause zu seiner Frau Penelope und seinem Sohn Telemachos trieb, der Mythos von der Sehnsucht nach Heimat.

SEHNSUCHT NACH HEIMAT

Jeder Mensch braucht einen Ort
für seinen Seelenfrieden

Nie habe ich die Heimat
so klar und nah erschaut,
wie gerade aus der Ferne.

HENRIK IBSEN

Um meinen Erlebnishunger zu stillen und all die Orte und Landschaften meiner Sehnsucht hautnah zu erleben, bin ich in mehr als vier Jahrzehnten immer wieder von Zuhause aufgebrochen. Unterwegs in den unterschiedlichsten Ecken der Welt, war ich ständig in Bewegung. Rastlos wollte ich in einem fort fremde Länder und Orte sehen, um meinen Gedächtnisspeicher mit Eindrücken, Begegnungen und Erfahrungen zu füllen. Bloß kein Stillstand – der erschien mir schmerzlicher als das Riskieren von etwas Neuem. So wurde ich zum Pendler zwischen den Welten, der durch die Weiten in Afrika, Asien, Australien, Amerika und Europa wanderte, um dann wieder das Leben eines Familienvaters in Hamburg zu führen – mit zwei Söhnen und meiner Frau Rita, die großes Verständnis für meine Aufbruchs- und Wanderlust hatte und die mich immer wieder hat ziehen lassen.

Unablässig war ich auf der Suche nach der Intensität des

Erlebens und nach mir selbst, doch nirgends war ich so richtig zu Hause – ähnlich wie Robert Louis Stevenson, der in seinem Buch *Reise mit dem Esel durch die Cevennen* schrieb: »Worauf es ankommt ist, in Bewegung zu sein, die Notwendigkeit und die Hindernisse unserer Existenz unmittelbarer zu spüren, dieses bequeme Federbett der Zivilisation zu verlassen und festzustellen, dass der Boden unter den Füßen aus Granit besteht und mit scharfen Kieseln bestreut ist.«

Der Begriff Heimat war für mich lange Zeit nur von geringfügiger Bedeutung, denn meist verweilte ich nur so lange an einem Ort, wie es mir gefiel, und zog dann weiter. Doch als ich vor Jahren mit dem Gedanken spielte, all meine sozialen und kulturellen Ausprägungen abzustreifen, um vielleicht dauerhaft in einem anderen Kulturkreis zu leben, hatte ich Probleme, meine europäische Identität aufzugeben. Vielmehr erkannte ich unterwegs in der Weite der Welt, beim Zusammenleben mit verschiedensten Nomadenvölkern in Afrika und Asien, bei denen ich vielfältigste Denk- und Lebensweisen kennenlernte, mehr denn je mein eigenes Wesen. Und trotz der Begeisterung für andere und einfachere Lebensweisen war es mir unmöglich, die bewussten und unbewussten Erinnerungen an mein Zuhause abzustreifen. Selbst als ich merkte, dass ich scheinbar mehrere Identitäten in mir trage, konnte ich das vom europäischen Geist geprägte Denken und Handeln nicht ablegen, konnte mein gewohntes Leben nicht gegen eine andersartige Kultur austauschen. Allein die Sprache, auch wenn ich häufig rudimentäre Grundlagen fremder Ausdrucksweisen erlernte, war für mich eine unüberwindbare Kluft, die mich im Zaume hielt.

Gleichwohl barg jede Rückreise für mich etwas Schmerzliches, weil jede Heimkehr ein Abschiednehmen vom erlebnisreichen Unterwegssein war, von der unberührten Natur und einem unverstellten Horizont, von wunderbaren Menschen, die mich nicht nur auf meinen Wegen begleiteten, sondern mir auch andersartige Lebensweisen offenbarten, die mich manchmal so sehr erfüllten, dass nichts anderes mehr Platz zu haben schien. Doch noch intensiver war das Heimwehgefühl, das sich im Laufe der Jahre beim Reisen mehr und mehr in meinen Kopf schlich und dort einnistete. Etwas, das keine Krankheit ist, aber trotzdem ziemlich schmerzen kann. Wer reist, kennt das Gefühl: Trotz aller Sehnsucht nach fernen, fremden Welten, deren Ruf ich immer wieder mit den Entzugserscheinungen des zivilisationsmüden Großstädters gefolgt bin, gibt es einen Ort, der mir die Welt bedeutet und an dem ich mich (weitgehend) glücklich fühle. Ein Ort, der mit Heimat und Zuhausesein zu tun hat.

Dieser Ort ist Hamburg, mein Zuhause, mein Stück Heimat, wo meine Familie und Freunde leben, wo ich die Vertrautheit der Menschen in meinem Viertel spüre, wo ich mich akzeptiert und sicher fühle, wo die Kirchenglocken jeden Sonntagmorgen läuten, wo ich Geräusche und Gerüche einzuordnen weiß, wo ich mit meiner Frau in unserem Stammcafé sitze und über Gott und die Welt klöne, wo ich ins Theater und Kino gehe, wo ich per Fahrrad fast jeden Pflasterstein kenne, wo ich im Garten die Hecken schneide und mit den Nachbarn plaudere – und wo ich als Kind zur Schule ging, später studierte und mir mit dem Austragen von Prospekten die erste Afrikareise finanzierte.

Dieser Ort, da bin ich mir ganz sicher, ist für mich eine Liebe fürs Leben, auch wenn ich Jahrzehnte brauchte, um zu dieser Einsicht zu gelangen. Dieser Ort gab mir all die

Antworten auf die Frage, was ein erfülltes Leben ausmacht. Und an diesem Sehnsuchtsort, den ich im Herzen trage und der für mich Heimat ist, fühle ich mich – nach dem Glück des Reisens – immer wieder angekommen und zugehörig.

Ein Ort, an dem ich Seelenfrieden finde – und den jeder Mensch braucht.

Dass etwas schwer ist,
muss ein Grund mehr sein,
es zu tun.

RAINER MARIA RILKE

ÜBER DEN AUTOR

Achill Moser, geboren 1954, studierte Wirtschaftswissenschaften, Afrikanistik und Arabisch. Lange Zeit lebte er bei nomadisierenden Völkern in Afrika und Asien. Zu Fuß und mit Kamelen wanderte er durch 28 Wüsten der Erde. Er lebt in Hamburg und arbeitet als freier Journalist, Fotograf und Vortragsreferent. Seine Reportagen erschienen u. a. in *Merian*, *Geo* und *Stern*. Zudem berichtet er in zahlreichen Fernseh- und Radiosendungen. Er veröffentlichte mehr als 20 Bücher. Im Atlantik Verlag erschien zuletzt: *Zu Fuß hält die Seele Schritt – Gehen als Lebenskunst und Abenteuer* (2016). Im Hoffmann und Campe Verlag erschienen: *Von der Wüste und vom Meer* (mit Wilfried Erdmann, 2012), *Über die Alpen nach Italien – Vater und Sohn wandern 1500 Kilometer auf den Spuren Heinrich Heines* (2011) und *Das Glück der Weite – Fünf Jahre in den Wüsten der Welt* (2009).

Weitere Infos: www.achillmoser.de und auf der Facebook-Seite des Autors.